Le Cameroun
à la croisée des chemins vers le développement

Richard MAKON

Le Cameroun
à la croisée des chemins vers le développement

Les trois défis de l'émergence

Préface de Jean-Emmanuel Pondi
Postface de Mathias Eric Nguini Owona

L'Harmattan

5-7, rue de l'École-Polytechnique, 75005 Paris
http://www.editions-harmattan.fr
ISBN : 978-2-343-11354-8
EAN : 9782343113548

À ma Famille,
subie comme choisie,
qui s'interroge comme moi,
sur l'éclat de ces curieux soleils.

ILLUSION

Cameroun,
J'ai cru entrevoir le ciel entre tes doigts
Au matin des nouvelles libertés
Et des colombes amoureuses
S'abreuver des sueurs de ton front…

AVANT-PROPOS

« Écrire est un métier …
Qui s'apprend en écrivant »[1]
Simone DE BEAUVOIR

Afin d'éviter de malheureuses confusions et des polémiques inopportunes, qui accompagnent quelquefois de telles parutions, il nous semble important de préciser ce que ce projet intellectuel n'est pas, pour lever le voile sur ce qu'il se propose d'être.

Ce que ce projet n'est pas

D'abord, ce texte n'est pas un ouvrage scientifique. Fort heureusement, il n'a jamais eu cette prétention. Notre dessein, bien modeste, est de faire un essai. Si le présent projet était considéré comme tel, notre but serait largement atteint, bien au-delà de nos fragiles espérances. Il n'est non plus un ouvrage académique qui s'inscrit dans un champ disciplinaire quelconque.

Ensuite, ce texte n'est pas un projet philosophique. Il ne propose aucune philosophie de l'émergence ou une philosophie du développement plus généralement. Dans sa *Critique à la raison pure*, Emmanuel KANT, tout en soulignant la dimension cosmopolite de la philosophie postule : « *jusqu'ici, on ne peut apprendre aucune*

---

[1] DE BEAUVOIR (Simone), *La force de l'âge*, Collection Folio, n° 1782, Gallimard, 1960.

philosophie ; car où est-elle, qui la possède et à quoi peut-on la connaitre ? On ne peut qu'apprendre à philosopher, c'est-à-dire à exercer le talent de la raison dans l'application de ses principes généraux »[2]. Antoine Guillaume AMO aurait recommandé dès lors de « *philosopher avec précision et sans fioritures »*[3].

Enfin, cet essai ne propose pas une théorie générale de l'émergence. D'ailleurs, pour le faire, il eut fallu combiner nécessairement quatre sous théories ou dimensions au moins :

- Une dimension philosophique – *stricto sensu* – de l'émergence, comprenant entre autres une théorie du Divin, une théorie de l'humain (l'homme dans ses rapports avec autrui, avec la nature et avec l'absolu), une théorie de l'État et une théorie de la guerre.

- Une dimension politique de l'émergence dans ses aspects idéologique, institutionnel et normatif.

- Une dimension économique intégrant les analyses micro, macro et méso économiques.

- Une dimension socioculturelle enfin.

Autrement dit, une philosophie de l'émergence appelle nécessairement :

- Une ontologie de l'émergence.
- Une épistémologie de l'émergence.
- Une téléologie de l'émergence.
- Et une logique de l'émergence.

Ce qui n'est pas l'ambition du présent projet.

---

[2] KANT (Emmanuel), *Kritik der reinen vernunft*, 1781.
[3] AMO (Antonius Guiliemus), *Tractatus de arte sobrie et accurate philosophandi*, 1738, trad. : *Traité de l'art de philosopher avec précision et sans fioritures*, par Simon MOUGNOL, Paris, 2013.

Ce que ce projet se propose d'être

Ce projet se propose d'être un essai proposant une intellectualité de certaines préoccupations actuelles de la société camerounaise, précisément la question de l'émergence et les préconditions de l'émergence. Cette émergence qui s'est progressivement imposée dans le discours ambiant sans que sa signification, sa substance, ses préalables et ses implications ne soient dévoilés. Mais nous n'intelligeons pas ici le concept. Ce pourrait être peut-être, l'objet d'un projet futur. Nous nous limiterons dans ce présent projet à l'esquisse des préalables généraux d'une telle ambition, d'une telle volonté collective et d'un tel projet sociétal : d'où l'expression, *''Considérations liminaires''*, ouvrant son sous-titre.

Mais qu'est-ce que l'émergence pour nous ? C'***est un processus de création de sens sur la trajectoire évolutive d'une communauté au travers de l'amplification de son identité, de sa typicité et de l'invention à la fois d'un modèle de société et d'un système de gouvernance original, dans l'optique de l'épanouissement collectif et de l'éternisation d'une civilisation***.

Ces précisions nous semblaient nécessaires. Partant, nous avons opté faire de cet essai une ''production'' et non une ''construction''.

En réalité, une *construction* suppose une lenteur, un murissement et un certain recul à la fois dans la perception, dans la conception, dans l'analyse et dans la traduction de la pensée avant sa consignation écrite. Une construction suggère évidemment de sacrifier au *process* scientifique qui préside à l'érection de la pensée, à la dynamique de son mouvement et à la rédaction. *Process* dont nous sommes loin d'avoir sacrifié au demeurant.

Une *production* par contre suggère un flot idéel, une pensée en saccades, des images en cascades que l'on partage avec le lecteur tel qu'ils naissent à l'esprit. Dans une production, le *producteur* ne pense pas qu'avec des mots, des concepts et des notions, mais davantage avec les images au travers d'une réflexion qui donne des couleurs aux choses et des odeurs aux idées.

Cependant, pourquoi écrire ? Pourquoi changer de mode d'expression et de communication après bientôt une dizaine d'années de participation aux débats publics dans l'espace politico-médiatique camerounais ?

La réponse est toute simple. Franz FANON nous apprend que chaque génération dans une relative opacité découvre sa mission historique. Il peut la remplir ou la trahir. Nous avons écrit pour prendre position et assumer toute la responsabilité qui est la nôtre : celle d'un jeune, dans la tragédie collective de notre pays. Celle qui s'écrit et se joue en ce moment.

Est-ce la meilleure façon de s'assumer ? Nous n'en savons rien. Un proverbe bantou ne dit-il pas que « *le fleuve fait beaucoup de détours parce qu'on ne lui a pas montré le chemin* » ? Mais en attendant que ceux qui ont les clés nous ouvrent la porte de la grande école du monde, faisons nôtre cette autre sagesse africaine qui dit : « *toi le marcheur, tu dois savoir qu'il n'y a pas de chemin, mais que le chemin se fait en marchant* ».

Nous avons pris le risque de marcher à tâtons, certes, parce que nous sommes jeunes et parce que « *les mots possèdent une sagesse que n'ont pas toujours ceux qui les utilisent* »[4]. Cependant, nous nous engageons avec la volonté déterminée de poursuivre l'œuvre panafricaine initiée bien

[4] COCHET (Yves), DUPUY (Jean-Pierre), GEORGE (Susan), LATOUCHE (Serge), *Où va le monde ? 2012 - 2022 : une décennie au-devant des catastrophes*, éd. Mille et une nuits, février 2012, p. 43.

PRÉFACE

J'ai eu la responsabilité administrative et le réel plaisir, voici quelques années déjà, d'encadrer les premiers pas de Richard MAKON dans l'administration universitaire. Pendant cette période, poursuivant également des études de droit public au sein de la même institution universitaire, il s'est progressivement transformé en chercheur de plus en plus confirmé et aguerri. Sa double expérience administrative et académique, ajoutée à son parcours antérieur de leader estudiantin souvent porté sur la revendication, a contribué à conférer aux réflexions qui suivent une posture théorique frappée du sceau du réalisme vécu.

C'est donc avec un plaisir bien compréhensible que je préface cet essai intitulé : *''**Le Cameroun à la croisée des chemins.** Considérations liminaires sur les trois défis de l'émergence''*, qui constitue pour ainsi dire la première aventure de Richard MAKON en tant qu'auteur.

En jeune intellectuel engagé qu'il se pose, l'auteur situe sa réflexion dans le sillage du Panafricanisme, à partir de la perspective de la ''Renaissance africaine''. L'on ne pourrait oublier l'actuelle célébration du cinquantenaire de l'indépendance de nombreux pays africains, dont le Cameroun en 2010. Ce contexte marque au plan politico-historique, pour le Cameroun, la fin de la période d'expérimentation des fruits de la liberté nouvelle dont les pères de l'indépendance semèrent les graines au milieu du siècle dernier. Ce cinquantenaire fut le temps de la structuration et de l'affinement progressif du dispositif institutionnel et normatif du jeune État ; de l'expérimentation du modèle de démocratie occidental ; des lueurs, leurres et heurts de l'environnement et du mouvement économique national ; de la multiplication de mutations du paysage socio-économique. Au plan humain plus spécifiquement, l'on assista à la disparition de la quasi-totalité des principales figures et acteurs majeurs de cette étape historique.

Ce contexte chargé marque aussi la genèse d'une ère nouvelle d'espérance et de modernisation tous azimuts de l'Afrique et du Cameroun, dans un contexte de fortes interrogations et d'immenses défis. C'est le cas de la prévention, de la gestion et de la résolution des conflits. Il en va de même pour les impératifs de modernisation démocratique, d'amélioration de la gouvernance, de promotion des cultures africaines, de réforme du système éducatif ; d'amélioration du système de santé, de maîtrise de l'expansion démographique, et d'industrialisation, qui interpellent le continent et particulièrement le Cameroun.

Comment oublier la construction des infrastructures, la préservation de l'environnement ainsi que l'assainissement des cadres de vie qui appartiennent au même registre ?

Convaincu de la pertinence du courant de pensée qui suggère une conception africaine du développement et de la modernité, Richard MAKON invoque dans ce contexte mouvementé, trois (03) préalables majeurs à l'émergence du Cameroun, qui sont pour lui autant de défis à relever afin de parvenir au développement de son pays : il s'agit du **défi identitaire**, du **défi éducatif** et du **défi démocratique**.

Le **défi identitaire** d'abord, semble à ses yeux le plus important. Il constitue d'ailleurs la première partie de sa réflexion. Pour l'auteur, dans un environnement mondial marqué par le paradigme de l'universalisation et de la double dialectique, d'une part du dialogue des cultures et d'autre part du repli identitaire, aucun peuple ne peut prétendre se développer sans se construire une identité propre en soulignant cette dernière de manière indélébile, tout en insistant sur des critères d'ouverture et de partage certes, mais aussi et surtout sur l'originalité que procure la différence et l'authenticité.

Le **défi éducatif** ensuite, qui constitue l'essentiel de la deuxième partie préfigure l'avènement d'une société mondiale des savoirs, qui fait place à une économie de la connaissance et de l'innovation, et qui place l'école comme cadre stratégique majeur de transmission des valeurs dans le contexte d'une nouvelle ingénierie de transformations sociales. Pour lui, c'est par l'école principalement que l'Afrique comblera son retard en matière de développement, tout en garantissant la perpétuation de son modèle culturel et social. Nous partageons ce point de vue.

Le **défi démocratique** enfin, est abordé dans la troisième et dernière partie de son analyse. Par démocratie, il faut comprendre un système de gouvernement enclin à favoriser la participation des citoyens aux affaires de la société et enclin à renforcer la maîtrise de leur destinée sur tous les plans.

En six (06) chapitres subdivisés autour de trois (03) parties, l'auteur, faisant usage des approches philosophiques, institutionnelles et normatives de la gouvernance et de la bonne administration des affaires publiques, s'épanche sur sa société au travers d'analyses osées, froides et pertinentes, dans un style qui se lit aisément. La démarche intellectuelle mobilisée, faite de critique des situations observées, d'essai de décryptage et de descriptions de leurs conséquences politiques, économiques, culturelles ou sociales, est nourrie de lectures aussi diverses que variées et soutenues par de solides convictions personnelles et amène à l'éveil d'une conscience panafricaine.

La lecture de l'ouvrage de Richard MAKON contribue à conforter le lecteur dans l'idée selon laquelle la véritable richesse du continent africain se trouve dans le talent évident et l'engagement patriotique et continental de sa jeunesse. Toujours avec une profonde humilité de cadet social et de jeune chercheur ouvert à la critique et disposé à l'effort, attitude remarquable qui contraste quelquefois avec les extravagances cosmétiques et les représentations utopiques de certains de sa génération, l'auteur prend à la fois le parti de ceux qui osent, s'engagent et le pari de l'espérance.

Au regard de la qualité de la présente réflexion, comment douter de la détermination de son auteur à travailler davantage pour contribuer à la réflexion sur l'émergence de son pays, terreau précieux de ses quêtes, et finalement à l'essor du continent africain, vocation ultime de ses combats et creuset de sa foi ?

Assurément, *''Le Cameroun à la croisée des chemins''* est un ouvrage conçu par un jeune penseur. Il est à lire et à faire lire à toutes celles et à tous ceux qui ont foi en un développement qui réponde aux besoins des populations de leur pays et de leur continent. C'est le résultat d'un travail sérieux, acharné, méthodique et obéissant à une vision inclusive d'un développement pour toutes les couches de la société. Par ses analyses et sa démarche scientifique, cette réflexion apporte également un cinglant démenti à toutes celles et à tous ceux qui conçoivent l'émergence du Cameroun et de l'Afrique comme un slogan de plus, ou pire encore comme un « miracle » qui, un bon jour, pourrait nous tomber du ciel sans grands efforts.

Le développement d'un pays comme celui d'un continent ne survient jamais par hasard. Il se construit par une réflexion pertinente qui doit précéder une action galvanisatrice et transformatrice. Tel est, en filigrane, le message profond de cette riche analyse de Richard MAKON.

Pr. Jean-Emmanuel PONDI

Professeur Titulaire de Sciences Politiques
et Relations Internationales à l'Institut des
Relations Internationales du Cameroun (IRIC)
Membre de l'Académie des Sciences du Cameroun.

« Aucune Nation ne naît grande. Les grandes Nations sont l'œuvre de leurs citoyens ».

Martin Luther KING

Déjà cinq années aujourd'hui que le Cameroun a célébré dans la timidité et la division le cinquantenaire de son indépendance. Cinq longues années durant lesquelles, attentif aux hommes, aux évènements et aux idées, nous avons scruté, tout languissant, le moindre changement, la plus petite évolution à même de nous convaincre d'un changement irréversible de cap. Rien !

Pourtant, à notre humble avis, la célébration des cinquantenaires, au-delà du révisionnisme historique ambiant et des querelles mémorielles stériles, devait marquer un moment important et décisif pour éviter que demain ne soit un autre aujourd'hui. Un moment important et décisif, d'abord dans l'esquisse d'un bilan de notre trajectoire commune, par l'évaluation sans complaisance, d'une part de nos échecs partagés, et d'autre part de nos acquis communs (acquis ontologiques, philosophiques, historiques, politiques, économiques, culturels et sociaux entre autres). Ensuite, dans l'état des lieux objectifs à la fois de notre situation actuelle, de nos atouts fondamentaux et des défis à relever sur le plan interne comme sur le plan externe, dans un contexte mondial de compétition et de luttes diverses. Enfin, dans la définition collective prospectiviste d'une trajectoire nouvelle pour la poursuite de la longue marche de notre Peuple, toujours dans une perspective panafricaniste.

Malheureusement, comme un cheval ivre, comme un train de la mort lancé dans une course folle vers une horrible issue, malgré le son inextinguible de l'inéluctabilité et les hurlements des sirènes de l'apocalypse, le Cameroun, au lendemain d'agapes querellées a poursuivi son petit bonhomme de chemin, comme dans le meilleur des mondes. On prend les mêmes et on recommence comme qui dirait ! Amnésie généralisée ? Insouciance partagée ? Inconscience globale ? Folie furieuse collective ? Bien malin qui répondrait à l'une de ces questions.

Le Cameroun est à la croisée des chemins ! plutôt facile de s'en convaincre. D'une part parce que le monde lui-même est à la croisée des chemins. C'est peu de le dire. En effet, la société globalisée est en pleine crise. Le monde technologique est en plein doute. Une résurgence sans précédent des conflits obscurcit le ciel de nombreuses nations et l'on assiste, impuissants, à l'avènement des formes nouvelles d'impérialisme, tout comme à la démultiplication des révoltes populaires. À ce propos, Jean-Emmanuel PONDI avec plus d'emphase parle d'« *un contexte international marqué par la persistance des inégalités, la généralisation des incertitudes et la permanence de la violence et des conflits en divers points du globe* »[5].

Dans ce contexte particulier où « *il semble qu'aujourd'hui les Peuples des Nations s'éloignent à grands galops des valeurs humanistes énoncées dans la Charte des Nations Unies de 1945 et tout autant de l'idéal promu dans la Déclaration universelle des Droits de l'Homme de 1948* »[6], la floraison des défis à l'échelle de la planète tout entière (protection de l'environnement, résolution des conflits et lutte contre le terrorisme, lutte contre les grandes endémies, lutte contre la faim, résolution de la crise de l'eau, régulation du commerce mondial, contrôle des marchés internationaux et régulation de la finance mondiale, etc.) impose une

---

[5] PONDI (Jean-Emmanuel), (dir.), *Immigration et diaspora. Un regard africain*, Maisonneuve & Larose / Afrédit, mais 2007, p. 11.
[6] *Ibid.*, p. 15.

interdépendance de plus en plus accentuée des peuples du monde.

Quel chemin prendra la société internationale pour faire face à tous ces défis ; résoudre toutes ces crises et surtout inventer un nouveau modèle de développement consensuel, humaniste et humanisant, qui remplace ce modèle consumériste sauvage ? Un modèle nouveau qui prend en compte la place des plus faibles, la protection de l'environnement, le partage des bienfaits de la science et une gouvernance mondiale consensuelle des grands problèmes contemporains. À titre d'illustration, les errements des États ''forts '' dans l'esquisse des solutions à la grave crise qui dès la fin de l'année 2007 a frappé la finance puis l'économie mondiale, sont assez illustratifs des changements des rapports de force et de la ''victoire'', même temporaire, du système capitaliste sur l'*homo oeconomicus,* son géniteur. Un capitalisme compassionnel est ontologiquement impossible, !

D'autre part parce que l'Afrique est à la croisée des chemins avec une explosion démographique qui fera du continent dans les années à venir l'une des régions les plus peuplées du globe. L'Afrique fait face à de nombreux défis qui vont en s'aggravant. Le défi politique avec principalement l'urgence de la multiplication des expériences démocratiques, les réformes constitutionnelles et institutionnelles adaptées à l'idée et à l'expression démocratique, la bonne gouvernance. Le défi économique avec, entre autres, l'impératif de constitution d'une véritable classe moyenne africaine ; la construction des infrastructures sanitaires, scolaires, routières, portuaires, ferroviaires et aéroportuaires ; l'accompagnement et la consolidation du secteur privé ; la modernisation de l'agriculture et les réformes foncières ; la transformation et l'industrialisation. Le défi social et culturel avec la maîtrise de l'expansion démographique ; la construction et l'équipement des structures de santé ; la réforme de l'école pour l'adapter aux exigences et défis du développement ; la modernisation des infrastructures sportives et la définition d'une politique du sport ; la définition d'une politique de promotion et de préservation de la culture africaine et la création des industries culturelles.

Ce contexte mondial et africain a naturellement une influence directe et significative sur l'évolution du Cameroun. Ajouté à ceci, la propre histoire de ce pays, ses contradictions internes, sa réalité quotidienne, son vécu collectif et ses ambitions de progrès qui l'obligent à faire face à d'importants défis à ce moment singulier de son histoire. De la façon dont ce pays et son peuple feront face à ces défis, dépendra ce nouveau cinquantenaire qui s'ouvre. Ces défis touchent à la fois les plans politique, économique et socioculturel. Dans ces trois axes, trois défis majeurs nous ont semblé déterminants parce qu'à la fois transversaux et conditionnant son émergence : le défi identitaire, le défi éducatif et le défi démocratique.

Voilà, à notre sens, les trois défis auxquels le Cameroun fait face et fera davantage face dans les cinquante années à venir.

Le **défi identitaire** parce que pour aller à la conquête du monde, prendre part au banquet des civilisations, être à la hauteur de ce rendez-vous du donner et du recevoir qu'implique la mondialisation, dans son sens de dialogue des cultures bien entendu, il faut *ab initio* savoir ce que l'on est pour travailler à ce que l'on peut apporter aux autres. Un peuple qui se construit une identité initie un processus de développement lui aussi porteur de cette identité, d'une couleur et d'une authenticité.

Le **défi éducatif** parce que dans le contexte de l'avènement d'une société mondiale des savoirs et d'une économie de la connaissance, l'éducation est devenue l'un des plus puissants leviers du développement des nations. Qui plus est, dans cet environnement mondial de dépravation quasi généralisée, de dépérissement des mœurs, de départicularisation et de dépersonnalisation, de promotion d'antivaleurs, l'école reste, parce que précieux vecteur de sens, l'un des plus importants facteurs de transmission de valeurs. Un puissant refuge de valeurs. Des valeurs sociales, c'est-à-dire valeurs de vie, d'organisation, de respect, de partage, d'amour, de compromis et de consensus, de travail et de mérite, de progrès et d'espérance. Des valeurs d'une classe sociale dominante peut-être. Des valeurs du rapport majoritaire en société démocratique en principe. Des valeurs issues d'un consensus minimum toujours. Mais finalement, des valeurs garantes de la survie et de la perpétuation de toute société.

Le **défi démocratique**, parce que la démocratie est un levain du progrès. Au-delà des querelles, certes fondées, sur l'uniformisation et la standardisation progressives du monde, que les détracteurs de la démocratie nourrissent pour contester sa propension et sa généralisation, au-delà même des velléités hégémoniques des puissances étrangères qui la prônent et en font parfois la condition de leurs civilités à tel ou tel autre pays, la démocratie s'est érigée en une loi historique. Elle est, dans notre contemporanéité et progressivement dans notre quotidien, le système de gouvernement le plus favorable à la participation des citoyens au projet commun, à l'effort collectif de création de la richesse et de progrès global. Celle-ci ne peut cependant qu'être endogénéisée et non-greffée, reçue volontairement par une société dans le respect de ses singularités et non imposée.

Ces trois défis ne sont naturellement pas les seuls. Mais ils sont les plus importants à notre sens, tant les questions identitaire, éducative et démocratique ont, ces dernières années encore, influencées de manière décisive l'essor continu ou de déclin progressif de nombreux pays de par le monde. Le Cameroun aussi ! Ces défis mettent l'Homme au cœur du débat sociétal en général et au centre de la dynamique du développement plus spécifiquement, parce qu'ils soulèvent des questions essentielles. Des questions comme celles de la nature, de l'histoire, de la place, de la singularité et de la typicité de l'homme, pour ce qui est du défi identitaire. Des questions relatives à la qualité de la formation, au niveau de socialisation et d'implication de l'Homme dans les activités du groupe, pour ce qui relève du défi éducatif. Des questions relevant du rôle social de l'individu, de l'action citoyenne et de la participation politique en ce qui concerne le défi démocratique.

Nous aborderons donc tour à tour, **le défi identitaire** (Première Partie), **le défi éducatif** (Deuxième Partie) et **le défi démocratique** (Troisième Partie).

PREMIERE PARTIE

LE DÉFI IDENTITAIRE

« Les hommes sentent dans leur cœur qu'ils sont un même peuple lorsqu'ils ont une communauté d'idées, d'intérêts, d'affections, de souvenirs et d'espérances »[7].

Trois notions importantes vont revenir tout au long de cette première partie : culture, civilisation et identité. Il nous sied de clarifier le contenu sémantique, en tout cas, celui que nous avons retenu pour mener la présente réflexion.

La *culture* d'abord peut être perçue comme l'ensemble des usages, des coutumes, des manifestations linguistiques, artistiques, religieuses et intellectuelles qui définissent et distinguent un groupe, une société. Selon Michel TJADE EONE avec qui nous partageons le point de vue, la culture est « *une attitude revendicative d'un héritage philosophique, idéologique et métaphysique qui constitue une identité* »[8].

Dans le même ordre d'idées, avec une singulière précision, François SENGAT KUO reprenant la *Déclaration de Mexico* affirme que :

> *« La culture donne à l'homme la capacité de réflexion sur lui-même (...). C'est par elle que l'homme s'exprime, prend conscience de lui-même, se reconnait comme projet inachevé, remet en question ses propres réalisations, recherche inlassablement de nouvelles significations et crée des œuvres qui le transcendent »*[9].

---

[7] FUSTEL DE COULANGES, *Questions contemporaines*, p. 96.

[8] TJADE EONE (Michel), *L'Afrique dans le temps global de la communication. Du local au planétaire,* éd. Clé, Yaoundé, 2012, p. 144.

[9] Discours d'ouverture de M. François SENGAT KUO, *Ministre de l'Information et de la Culture* à l'occasion du Colloque organisé par le Ministère de l'Information et de la Culture à l'occasion de la 2e édition de la Semaine culturelle nationale, 13 - 20 mai 1985, Actes du Colloque, éditions ABC, 3e trimestre 1985, p. 13.

Toujours dans le même sens, Abdoulaye WADE dans son ouvrage intitulé : *Un destin pour l'Afrique*, écrit :

> *« Au cours de son évolution, l'homme se construit un environnement culturel qui engrange et classe en référentiels les matériaux qui sont à la base des idées, les idées elles-mêmes et les croyances »*[10].

Pour lui, l'environnement culturel part des sensations, des émotions, des réactions aux incitations du milieu et intègre, par une classification et une alchimie d'une extrême complexité, les schèmes, les idées, les principes et les croyances qui se situent aux frontières avec l'univers[11].

La réflexion de Manuel JORGE à ce propos parait d'un intérêt tout à fait singulier, dans la mesure où il dégage de la notion de culture, au-delà des dynamiques particulières dévoilées, la dimension groupale, associative, collective. Il écrit à ce sujet que :

> *« La culture est l'expression de la volonté de vivre en commun l'histoire, les traditions et les coutumes que la tradition a conservées et inculquées dans l'esprit du citoyen »*[12].

Ces considérations sur la culture font rapprocher son sens de celui donné au concept de *civilisation*. Celle-ci renvoie à l'ensemble des phénomènes sociaux à caractères religieux, moraux, esthétiques, scientifiques et techniques entre autres, commun à une société ou à un groupe de société[13]. C'est pourquoi l'on parlera par exemple de civilisation ou de culture égyptienne ou gréco-romaine, car dans le terme

---

[10] WADE (Abdoulaye), *Un destin pour l'Afrique*, Michel Lafon, 2005, p. 83 - 84.

[11] *Ibid.*

[12] JORGE (Manuel), « Angola : crise politique et crise sociale (À la recherche de la paix nécessaire) », *Pouvoir et paix civile en Afrique*, Cahiers Présence Africaine, Présence Africaine Editions, Paris – Dakar, 1996, p. 48.

[13] *Dictionnaire alphabétique et analogique de la langue française LE ROBERT*, Société du Nouveau Littré, (S.N.L.), Paris, 1973, p. 735.

civilisation, il y a à la fois le fait qu'on est face à un ensemble de phénomènes et l'idée de l'acceptation, par les membres d'un groupe que ces phénomènes leur sont communs et les singularisent. André MAUROIS affirme dans ce sens que « *la civilisation n'est autre chose que l'acceptation, par les hommes, des conventions communes* »[14].

L'*identité* quant à elle peut être perçue comme le caractère permanent et fondamental de quelqu'un ou d'un groupe. Autrement dit, ce qui fait qu'un être est lui-même, c'est-à-dire différent des autres et non opposé ni hostile à eux. Elle est faite des caractéristiques qui rendent cet être différent des autres et le constituent à la fois comme ''ipséité'', c'est-à-dire comme lui-même et comme ''altérité'', c'est-à-dire comme différent des autres[15]. Pour Michel TJADE EONE, l'identité induit :

> *« Un droit à la différence reconnu à chaque individu ou à chaque groupe d'individus d'afficher ce qui lui appartient et qui le distingue de l'autre : sa mémoire, ses repères, son histoire, ses traditions, sa langue, en un mot, la façon dont il a été, dont il est et dont il veut être »*[16].

C'est pourquoi l'on entend très souvent des expressions comme *être en quête d'identité, affirmer son identité*, ou à contrario, *être en mal d'identité* ou encore *faire face à une crise d'identité*, etc.

Analysant le concept d'identité culturelle[17], Marcien TOWA fait une distinction entre l'identité objective comme détermination d'une singularité et l'identité culturelle vivante.

---

[14] MAUROIS (André), *Un art de vivre,* II, VII, p. 136.

[15] TJADE EONE (Michel), *op. cit.*

[16] *Ibid.*

[17] TOWA (Marcien), « Le concept d'identité culturelle », *L'identité culturelle camerounaise*, Actes du Colloque organisé par le Ministère de l'Information et de la Culture, 2e édition de la Semaine culturelle nationale, 13 - 20 mai 1985, éditions ABC, 3e trimestre 1985, p. 24.

Dans la première conception qui est l'identité objective, il distingue l'identité dans son sens policier ou judiciaire, qui renvoie à un ensemble d'indications caractéristiques permettant de reconnaitre, de retrouver un individu parmi tant d'autres individus avec lesquels il pourrait être confondu, de l'identité dans sa connotation logique et métaphysique. Ici, l'identité renvoie essentiellement à :

> *« Un effort pour réduire le multiple à l'un, pour ramener le divers au même.*
>
> *Ce qui est pris pour divers ou qui pourrait l'être, ce qui est pris pour différent doit être ramené au même. Sur ce plan, le principe d'identité met l'accent sur la permanence, sur le même ; il a une résonnance essentiellement statique »*[18].

Et dans la seconde qui est l'identité culturelle vivante, Marcien TOWA précise que :

> *« L'univers culturel se présente comme un ensemble d'objets fabriqués, d'institutions, de formes d'organisation, de croyances, d'œuvres d'art, etc., mais l'origine de cet univers, globalement considéré, demeure les efforts pratiques et théoriques aussi d'hommes de chair et d'os pour satisfaire leurs besoins et aspirations ».*

Plus précisément, l'auteur postule qu'en affirmant et en exaltant sa culture, une communauté, par-là, veut se valoriser et se faire admirer. La culture du point de vue vivant,

> *« Est un phénomène subjectif et se présente comme goût, comme aptitude, comme savoir et savoir-faire, croyance, opinion, attitude assumée et vécue. La culture, de ce point de vue, littéralement, est un mode d'existence »*[19].

Il est difficile de faire plus clair. Dans le rapport à l'autre, l'identité est finalement ce qui nous distingue. La quête du développement, le commerce, la coopération, les

---

[18] *Ibid.* L'auteur relève toutefois ici que ce sens donné à l'identité est tout aussi exploitable par la police et la justice puisque les bandits ont souvent l'habitude de se déguiser et de revêtir des identités multiples.
[19] *Ibid.*, p. 28.

compétitions sportives et la mondialisation sont autant de cadres et d'espaces qui nous permettent d'afficher et d'affirmer cette identité qui colorie nos réalisations d'une manière singulière. Nous postulons donc qu'il n'y a pas de développement possible sans identité.

Au Cameroun, les politiques qui ont été menées ces cinquante dernières années n'ont été favorables, ni à l'affirmation ni à la promotion de cette identité, principalement dans ses caractéristiques les plus fondamentales : l'histoire et la mémoire. Quelle est l'histoire de notre pays, au-delà de celle des vainqueurs ou de celle des vaincus[20] ? Cette histoire polémique, douloureuse, instrumentalisée n'est pas favorable à la construction d'une mémoire commune, une mémoire collective, parce que partagée.

Le défi identitaire, suite à ces considérations, est le premier défi à relever par le Peuple camerounais, puisqu'il constitue le socle de tout projet sociétal. À l'ère de grands rêves et de grands projets de développement, l'urgence est à la décolonisation de notre histoire et à la construction d'une mémoire (chapitre I). Cette entreprise est un préalable à l'émergence du Cameroun, car l'affirmation d'une identité camerounaise est la condition sine qua non de son développement (chapitre II).

---

[20] Elikiah MBOKOLO parle de *''l'histoire racontée à la fois par le chasseur et le lion''*.

CHAPITRE I

DÉCOLONISER L'HISTOIRE, CONSTRUIRE UNE MÉMOIRE

> « Toute analyse sociale doit prendre en considération la société dans son devenir historique, puisque seule l'historicité peut permettre la perspective et la prospective »[21].

L'histoire et la mémoire sont deux éléments fondamentaux dans la construction d'une identité. L'histoire peut être entendue comme connaissance ou relation des évènements, des faits liés à l'évolution de l'humanité, d'un groupe social, d'une activité humaine et qui sont dignes ou jugés dignes de mémoire[22].

L'histoire du Cameroun, c'est-à-dire le récit de sa naissance, de son évolution au fil des ans, du passé de son Peuple, avec ses rencontres et ses pertes, ses victoires et ses défaites, ses doutes et ses espérances, n'est pas un long fleuve tranquille. Cette histoire est l'histoire de l'Afrique. Une histoire faite de plusieurs siècles d'agressions extérieures brutales, d'incursions étrangères plurielles, d'invasions et de pénétrations tant physiques que culturelles.

Nous pouvons, de manière succincte, relever qu'il y a eu la traite négrière, l'esclavage, la colonisation et aujourd'hui la

---

[21] JORGE (Manuel), *op. cit.*, p. 37.
[22] Dictionnaire LE ROBERT, t. 3, p. 491.

néo-colonisation, manifeste dans de formes variées d'invasions politiques, économiques, et socioculturelles.

La traite négrière, orientale et transsaharienne d' une part, atlantique d'autre part, est initialement l'œuvre de l'Arabie avant de connaitre une expansion extraordinaire avec l'Europe des Lumières. C'est à partir du XVIIe siècle effectivement, dans un contexte d'épanouissement du commerce triangulaire, que la traite et l'esclavage des nègres qui en constituent le socle connaissent un tel essor, favorisé aussi par le développement de la navigation.

Certes, l'esclavage en tant que pratique déshumanisante a existé de tout temps, dans tous les continents. L'Homme a toujours eu la propension à dominer, à assujettir et à asservir son prochain. Le binôme *Maître – Sujet* a toujours existé. Il a simplement souvent mué, un peu plus dans la déshumanité, en binôme *Maître – Esclave*. L'Égypte pharaonique, les grands empires de l'Afrique de l'Ouest, la Grèce et la Rome antique, la Mésopotamie, l'Europe, entre autres ont pratiqué l'esclavage des combattants vaincus ou des peuples asservis considérés comme inférieurs. D'ailleurs, la conquête des peuples et des territoires s'est presque toujours soldée par l'asservissement des vaincus. Tous les conquérants ont quasiment toujours été esclavagistes. C'est juste la dimension de l'esclavage des Africains, son ampleur sans précédent dans l'histoire de l'humanité, sa systématisation même comme entreprise mercantile transcontinentale qui en fait l'exemple de déshumanisation le plus abouti. Certains chiffres font état de prêt de cent millions d'hommes, de femmes et d'enfants africains victimes de ce crime le plus horrible de l'histoire humaine.

La colonisation sur laquelle nous reviendrons plus amplement *infra*, a poursuivi et perfectionné, comme dans une course macabre de relais, une grande part des pratiques de déshumanisation inaugurées par la traite négrière et l'esclavage. Aujourd'hui malheureusement, malgré l'indépendance conquise du continent africain, l'on assiste presque impuissants à l'avènement et à l'enracinement d'une insidieuse néo-colonisation.

L'histoire du Cameroun comme l'histoire africaine en général est l'objet d'un révisionnisme incessant, d'une manipulation et d'une instrumentalisation de la part, non seulement des historiens de tout bord, mais aussi des acteurs politiques nationaux et étrangers. L'une des conséquences de cet état de choses est la douleur indicible, parce que permanente qui étreint la majeure partie des Camerounais. Dans la réalité, les Camerounais de toutes les régions, de toutes les sensibilités et de toutes les classes sociales se sentent héritiers d'un legs historique douloureux que la mémoire génétique commune ravive sans cesse.

Ils se sentent victimes des clichés et des stéréotypes savamment entretenus qui sont sources de division. Dans ce contexte, aucune mémoire commune ne peut être construite pour servir de ciment à la cohésion sociale et à l'unité nationale, encore moins de socle à un éventuel consensus autour d'un projet de développement partagé. Il est urgent de décoloniser l'histoire du Cameroun (I) pour construire une véritable mémoire collective, socle du développement (II).

I- Décoloniser l'histoire

> « Tous les peuples ont écrit leur histoire dès qu'ils ont pu écrire »[23]

L'histoire du Cameroun n'appartient pas aux Camerounais, serait-on tenté d'affirmer. Elle appartient à ceux qui s'en sont approprié en estimant qu'il existe la ''vraie'' histoire et la ''fausse'' histoire, la ''bonne'' histoire et la ''mauvaise'' histoire, l'histoire officielle et l'histoire

---

[23] Voltaire, *Dictionnaire de la philosophie*, Histoire, V.

officieuse. Dès lors, il existe dans cette histoire-là ce qui peut être révélé et partagé et ce qui ne peut l'être ; ce qui est conforme aux intérêts ‘‘républicains’’ et ce qui l'est moins ; ce qui peut être transmis et ce qui doit être ignoré. L'hétérogénéité et parfois même l'opposition des contenus de nos manuels scolaires et universitaires, des ouvrages historiques qui jonchent les étalages de nos librairies et autres rayons de nos bibliothèques en est l'illustration patente. Pourtant, la célébration des cinquantenaires devait permettre d'exorciser notre histoire de ses démons, afin que la jeune génération puisse s'en approprier sans *a priori* ni soupçons. L'occasion s'y prêtait et pourrait difficilement se représenter, car certains des acteurs directs ou indirects[24], aujourd'hui de moins en moins nombreux, pouvaient être mis à contribution par l'écriture de leurs mémoires, pour la production d'un récit sinon consensuel, tout au moins accepté du plus grand nombre de Camerounais. Un récit des événements qui ont entouré notre rencontre avec la civilisation occidentale et surtout de ceux, beaucoup plus récents, qui ont accouché de notre accession à la pleine souveraineté internationale, après les luttes de libération de notre Peuple.

Quelle est la place de nos martyrs morts, les armes à la main ou dans les cachots de l'administration coloniale et postcoloniale, dans l'avènement de l'indépendance que nous célébrons aujourd'hui ? Quelle place a occupé la jeunesse camerounaise de ces années fondatrices dans le mouvement de revendication de notre autonomie et du droit de choisir nos projets et penser notre avenir ? Que reste-t-il aujourd'hui de notre culture et de la civilisation africaine dont nous nous réclamons ? Quelle est la valeur des institutions et des usages que nous avons hérités de l'extérieur à cette époque et quel maillage il est fait avec les institutions traditionnelles de nos sociétés anciennes, pour ne pas perdre ce qui est de nous ?

---

[24] C'est-à-dire ceux qui ont participé à écrire ces pages de notre histoire.

Notre histoire devrait nous permettre de répondre à ces questions. Nous doutons que ce soit le cas aujourd'hui. Sans toutefois la réécrire, il nous semble important de rappeler tout au moins que l'histoire de notre pays est une histoire de lutte, de résistance et de contestation (A) et une histoire de blessures et de douleur (B).

A. Une histoire de résistance et de contestation

> « L'ignorance des jeunes générations par rapport à leurs racines culturelles, l'absence de toute infrastructure adéquate pour faire connaître ces racines, le fait d'avoir ni musée national ni école des beaux-arts, apparaît comme une menace constante d'aliénation ou même d'annihilation culturelle »[25]

L'histoire du Cameroun est une histoire de luttes diverses. Lutte contre la colonisation et toutes les formes d'impérialismes, résistances contre les agressions étrangères, contestations de toutes sortes de domination contraire à la conception universelle anhistorique et transcivilisationnelle de l'égalité des hommes au-delà des races et des origines.

Les faits les plus saillants, les évènements les plus marquants et les dates les plus importantes révèlent que l'histoire camerounaise récente est toute singulière. On peut rapidement retenir ce qui suit : Protectorat allemand de 1884 à 1916, condominium franco-britannique de 1916 à 1918, territoire sous Mandat de la Société des Nations (SDN) de 1919 à 1945 et Territoire sous Tutelle de l'Organisation des Nations Unies (ONU) de 1945 à 1960 pour le Cameroun francophone et 1961 pour la Cameroun anglophone. À l'issue de la Seconde Guerre mondiale et après des luttes de libération menées par des nationalistes camerounais, le pays revendique et obtient son indépendance en 1960.

---

[25] REVEREND PERE MVENG (Engelberg), « Y a-t-il une identité culturelle camerounaise ? », *L'identité culturelle camerounaise*, op. cit., p. 71.

Durant toutes ces périodes de sa jeune histoire, le Peuple camerounais a développé une résistance face à l'envahissement et à l'oppression. D'abord, cette résistance s'est opérée, entre autres et très tôt, par l'opposition à l'annexion de son territoire par les Portugais, les allemands, les français et les anglais.

Par la suite, elle s'est poursuivie par l'organisation de nombreuses protestations, par exemple au *Reichstag* allemand, pour contester la spoliation de ses terres et par de nombreuses pétitions à la SDN, dans un premier temps pour réclamer un meilleur traitement de la part de l'administration française, et dans un second temps pour exiger son départ du Cameroun. Dans cet ordre d'idées, on ne peut ignorer le refus décisif de la partie anglophone du Cameroun d'être assimilée au Nigéria, malgré les manœuvres de l'administration britannique, de même que la revendication constante de la reconnaissance de la spécificité camerounaise dans la Fédération nigériane.

Enfin, de manière plus résonnante certainement, cette résistance s'est illustrée par la revendication ouverte de l'indépendance et la réunification des deux Cameroun[26], ainsi que le recours à la violence pour répondre à celle des autorités coloniales, malgré l'inégalité des forces en présence et l'absence d'une préparation militaire préalable. Plus tard, par la revendication de l'unification des deux Cameroun contre la volonté des puissances anglaise et française[27].

---

[26] Cette revendication a été marquée par les prises de parole osées devant l'Assemblée Générale des Nations Unies pour présenter de vive voix le point de vue des camerounais face au refus de leur indépendance réclamée.

[27] ABWA (Daniel), Contexte, Histoire et Économie Politique, *in Elections et gestion de la diversité en Afrique*, Rapport sur la Gouvernance en Afrique. Note Pays Cameroun 2011.

La lutte de libération plus spécifiquement est le fait du principal parti nationaliste, l'Union des Populations du Cameroun (U.P.C.), créée le 10 avril 1948. Ce parti réclame dans son programme politique l'indépendance et la réunification des deux Cameroun : le Cameroun francophone et le Cameroun anglophone. Ce dernier est divisé par la puissance anglaise en deux zones bien distinctes, dénommées *Northern Cameroons* et *Southern Cameroons*, respectivement rattachées administrativement au Nord et au sud du Nigeria[28]. Ces revendications entraînent une violente répression de la part des autorités françaises qui décident de l'interdiction de l'U.P.C. en 1955. Exclue des négociations sur l'indépendance, l'U.P.C. s'engage dans la lutte armée qu'elle poursuit jusqu'aux années 80, bien après la mort de son leader historique Ruben UM NYOBE en 1958.

N'ayant jamais été à proprement parler colonisés, les Camerounais ont donc toujours eu un caractère de fronde et de contestation. Ce caractère est l'un des fondements de son attitude au fil des ans dans ses rapports avec les États étrangers, principalement avec la métropole. Une attitude de liberté réclamée et assumée, une attitude de fierté et d'indépendance qui en fait un pays au statut toujours singulier dans les espaces de concertation euro-Africains par exemple. Un pays porteur d'une histoire qui s'est écrite au fil des ans autour des couples agression - résistance, asservissement - affranchissement. Cette singularité, l'histoire aujourd'hui racontée ne la relève pas assez, tout comme le rêve de liberté et de progrès qu'elle suggère. Au contraire, une certaine littérature l'instrumentalise et la

---

[28] À la différence du *Southern Cameroons* qui constitue une seule entité administrative, le *Northern Cameroons* est subdivisé en trois unités administratives rattachées à trois provinces du nord Nigeria, notamment les provinces de l'Adamaoua, de la Bénoué et du Bornou. Le *Southern Cameroons* lui comptera quatre *divisions* qui sont Victoria, Kumba, Mamfé et Bamenda.

connote parfois fort négativement, faisant quelquefois fi des blessures et des souffrances endurées par ce peuple.

B. Une histoire de blessures et de douleur

> « Certaines régions de notre pays qui s'agitaient aussi ont fait l'objet de recherches ethnographiques commandées par l'administration coloniale, et ces recherches ont permis à celle-ci de mater ces ethnies qui s'opposaient à la colonisation »[29]

L'histoire du Cameroun est une histoire de blessures et de douleur, un héritage de souffrances indicibles et d'atrocités indescriptibles. Aujourd'hui d'ailleurs, ces blessures et cette douleur perdurent. Certaines localités gardent encore les stigmates indélébiles et les séquelles toujours visibles du passage de la barbarie et de l'inhumanité des envahisseurs.

Les politiques menées depuis l'accession à l'indépendance participent, pour une grande part, à la marginalisation de certaines localités du pays sujettes et victimes de clichés réducteurs. Des localités qui peinent à bénéficier, au même titre que d'autres, des bienfaits de la modernité (infrastructures routières, scolaires, sanitaires, sportives, culturelles ; entreprises publiques, parapubliques et autres cadres incitatifs à l'investissement privé ; ...) et même de l'attention des pouvoirs publics. Les principaux perdants sont les jeunes camerounais, à la fois héritiers et victimes.

Héritiers de cette douleur et de cette tension historique permanente. Héritiers de ce legs étouffant qu'ils portent comme une croix.

Victimes du révisionnisme, de la manipulation et de l'instrumentalisation de leur histoire. Victimes des clichés et des stéréotypes savamment entretenus depuis les luttes de libération et qui catégorisent depuis lors les populations entre

[29] TOWA (Marcien), « Le concept d'identité culturelle », *op. cit.*, pp. 25 – 26.

les ‘‘bonnes’’ et les ‘‘mauvaises’’, entre les ‘‘collaboratrices’’ et les ‘‘rebelles’’, entre les ‘‘favorisées’’ et les ‘‘condamnées’’.

De quelle histoire ceux de la jeune génération ont finalement hérité ? Une histoire qui prône la haine de certaines ethnies, de certaines tribus, de certains clans considérés à tort ou à raison pour les uns, comme ayant plié l'échine ou collaboré à l'entreprise coloniale, pour les autres, comme ayant contesté et résisté à la horde d'envahisseurs ? Une histoire qui enseigne que les résistants nationalistes étaient des ‘‘maquisards’’ rétrogrades et des barbares inhumains opposés à la modernisation de leur pays ? Pourtant, de tout temps, et quelques soit l'espace, « *le nationalisme est la lutte pour l'identité nationale, ce qui suppose un substrat culturel commun, l'affirmation de valeurs et d'intérêts généraux au détriment d'intérêts particuliers* »[30].

De quelle histoire ont-ils hérité ? Une histoire qui enseigne qu'il y a une ‘‘bonne’’ et une ‘‘mauvaise’’ colonisation ? Non ! Cette histoire-là est dangereuse pour l'unité nationale et la cohésion sociale parce qu'elle divise au lieu de rassembler autour d'un récit consensuel, les fils et filles d'une même terre, condamnés à un destin commun.

La ‘‘bonne’’ histoire est celle qui restitue le bon comme le mauvais, le triste comme l'heureux, le douloureux comme l'apaisant, avec toujours la même exigence d'objectivité et d'impartialité. Une histoire qui rétablit l'exactitude en ce qu'elle a de correctrice et de salvatrice. Une histoire qui restaure le fait que, malgré des ‘‘collaborations’’ avérées, toutes les populations du Cameroun sont éprises de liberté et ont résisté, chacune à sa façon, selon sa taille, ses forces et ses moyens, à l'envahissement, à la dépersonnalisation et à

---

[30] JORGE (Manuel), *op. cit.*, p. 34.

l'aliénation. Une histoire qui reconnaît la place de nos martyrs et les sacrifices des familles, des villages, des clans, des tribus, des ethnies et des régions qui ont tous perdu des fils et des filles, des frères et des sœurs, des pères et des mères pour une cause éminemment commune.

C'est cette histoire qui est souhaitable. Une histoire qui nous rappelle l'épopée guerrière de nos devanciers et l'odyssée extraordinaire de ces pères fondateurs de notre nation dans la quête de la liberté et de l'autonomie. Une histoire qui guérit nos blessures communes et singulières sans se moquer de la douleur violente qui inhibe nos espérances d'un vivre ensemble sincère.

Sans cette réconciliation appelée, il est impossible de construire une mémoire commune, socle d'une identité nationale.

On assiste ces derniers temps déjà, dans les quatre coins du pays, à un retour des replis identitaires. On vit douloureusement entre groupes ethniques des luttes, des crises et des violences publiques, rurales comme urbaines, avec souvent des morts d'hommes, pour des motifs assez divers que variés : actes de sorcellerie avérés ou imaginaires, revendications foncières, disputes sur la propriété des points d'eau et des terres arables, propriété des pâturages, querelles culturelles, profanation de sites cultuels, règlement de comptes divers, rivalités politiciennes, etc.

L'instrumentalisation politique par certaines élites de la question ethnique d'une part et l'ethnicisme comme paradigme gouvernemental de gestion de la diversité à travers, entre autres, la politique contestée de l'équilibre régional d'autre part, atteignent leur paroxysme. Toutefois, il convient de souligner qu'ils constituent certaines des conséquences de cette histoire querellée.

Sans lire dans une boule de cristal et sans avoir besoin d'un quelconque don divinatoire, nous sommes à peu près sûrs que la situation ira en empirant. La multiplication exponentielle de tels évènements regrettables au demeurant, annonce pour les cinquante années à venir des affrontements d'une violence rare pour des motifs variés et divers. L'urgence est donc à la ''réécriture'' de notre histoire pour parvenir à la construction d'une mémoire commune, car sans mémoire commune, il ne peut y avoir de projet national commun. À ce sujet, John Henrik CLARKE propose, à titre de formule, à tous les envahisseurs :

> *« Afin de contrôler un peuple, vous devez d'abord contrôler ce qu'il pense de lui-même et comment il regarde son histoire et sa culture. Et quand l'envahisseur vous rend honteux de votre histoire et de votre culture, il n'a besoin d'aucun mur de prison et d'aucune chaîne pour vous tenir en captivité »*

Une telle proposition interroge, mais aussi interpelle. Elle implique une nécessaire prise en compte des éléments qui participent de la construction d'une mémoire collective.

II- Construire une mémoire

> *« Il me parait, en ce moment, que la mémoire est une faculté merveilleuse et que le don de faire apparaître le passé est aussi étonnant et bien meilleur que le don de voir l'avenir »*[31].

Un devoir de mémoire s'impose au Cameroun à ce moment déterminant de son histoire. Un devoir de vérité et d'objectivité qui peut tracer d'un sillon indélébile le parcours de cette communauté dans la longue marche vers le développement et l'unité de l'Afrique. Il n'y a pas de mémoire sans histoire, et il faut une histoire commune pour construire une mémoire commune.

---

[31] FRANCE (Anatole), *Livre de mon ami,* Livre de Pierre, Dédicace.

Si l'on entend par mémoire la faculté de conserver et de se rappeler des états de conscience passés, il est alors évident que la mémoire conserve notre passé et enregistre, en les classant, tous nos souvenirs. Joseph JOUBERT affirmait :

> *« Il faut compenser l'absence par le souvenir.*
>
> *La mémoire est le miroir où nous regardons les absents »*[32].

Il nous parait dès lors évident que la mémoire est le liant et le lien entre ceux qui sont partis, ceux qui restent et ceux qui viendront, construisant ainsi une longue chaîne mémorielle intergénérationnelle incassable. Deux éléments nous semblent importants à souligner à ce niveau : le premier est que la mémoire est un projet (A) ; le second induit de l'apaiser pour la rendre collective (B).

A. Le projet d'une mémoire : travail de mémoire et devoir de mémoire.

> « Le futur d'une communauté n'est pas déterminé par son passé ; il n'est pas écrit d'avance ; il dépend aussi de ce que les hommes en feront, des projets qu'ils forment, explicitement ou implicitement, pour eux et pour leurs enfants »[33].

Construire une mémoire est un projet capital pour tout groupe humain. La longue chaîne intergénérationnelle qui lie les vivants aux vivants, les morts aux morts et les morts aux vivants à travers la survivance des souvenirs transmis de génération en génération assure la perpétuation et la survivance de toute société. Cette longue chaîne est le refuge mémoriel de la postérité.

La mémoire doit être un projet. Un projet pour toute société, un projet de tous les instants. Elle doit constituer un travail permanent de tous. Toutefois, ici, les pouvoirs publics

---

[32] JOUBERT (Joseph), *Pensées - Essais et maximes*, FB Editions, 2015, p. 17.

[33] *Afrique 2025. Quels futurs possibles pour l'Afrique au sud du Sahara ?,* Futurs africains, Karthala, 2003, p. 27.

ont un rôle important et une intervention décisive. C'est pourquoi le projet de mémoire défini par les pouvoirs publics ne peut être porté de façon optimale que par deux politiques publiques au moins : la politique éducative et la politique culturelle[34].

En effet, à travers la politique éducative, par les enseignements et d'autres manifestations éducatives et pédagogiques, la société impose dans l'imaginaire de la jeune génération des faits, des évènements et bien au-delà, des façons de voir, de lire le monde et de le sentir ; d'entrevoir et de penser le futur et finalement, plus tard, de faire et de faire faire. L'éducation est un fabuleux instrument de construction, de transmission et de perpétuation de la mémoire. Nous pourrons plus aisément nous en rendre compte dans la seconde partie de la présente réflexion réservée, il convient de le rappeler, au défi éducatif.

À travers une politique culturelle originale, complément nécessaire à la politique éducative, dans ses segments pédagogiques comme andragogiques, la société peut promouvoir et surtout orienter la production culturelle nationale vers cet important projet de construction d'une mémoire camerounaise. Dans cette optique, la politique sectorielle du livre doit constituer une dimension majeure de cette politique culturelle (livre scolaire, livre de divertissement, romans, textes politiques, etc.), de même que la production artistique (monuments commémoratifs d'évènements et de figures historiques marquants, sites commémoratifs, baptêmes de lieux publics, construction de musées, institutions de journées de célébration ou de

[34] Sans pour autant ignorer la politique économique, laquelle doit, par sa structure de production, inventer notre spécialisation économique, les structures économiques lignagères et les pratiques traditionnelles, bases du nouvel appareil de production.

commémoration) et le cinéma plus singulièrement (promotion et soutien de documentaires et films historiques).

B. Une mémoire apaisée pour une mémoire collective.

> « On n'invente pas un arbre, on le plante ! On ne lui extrait pas les fruits, on le laisse porter. Une Nation n'est pas une création, mais un murissement, une lenteur, année par année, anneau par anneau »[35].

La mémoire a pour socle l'existence de souvenirs communs, matériau d'une histoire commune. Aussi pour construire cette mémoire commune importe-t-il que celle-ci soit apaisée *ab initio*. C'est la raison pour laquelle, après ou à côté du travail de mémoire, doit s'imposer un devoir de mémoire, fait d'une permanente transmission de valeurs et de sens de générations en générations. Pour ce faire, il faudrait, au-delà de ces souvenirs communs susmentionnés, construire un sens partagé et donner une signification consensuelle de ceux-ci, afin de leur conférer, dans l'univers mémoriel ainsi créé, la même place, le même écho, la même résonnance, la même signification et la même portée. Ici, toute division est source de mort. Une mort de plus pour ceux qui sont déjà partis, cela va s'en dire.

Il parait aisé de constater que dans le contexte camerounais, du Nord au Sud, de l'Est à l'Ouest, les évènements historiques ont une coloration particulière. Les souvenirs enregistrés sont différents et parfois même sont en nette contradiction. Il faut alors rappeler que la mémoire est apaisée, *primo* parce qu'elle est restaurée. Elle est restaurée dans l'exactitude et l'authenticité des acteurs, des faits et des évènements historiques comme soulignés *supra*. *Secundo*, elle est apaisée parce qu'elle est soignée et parce que tous les

[35] CESAIRE (Aimé), *La tragédie du roi Christophe*, Paris, *Présence Africaine*, 1963, p. 57.

morts sont enfin respectés et pleurés, conformément à nos usages, et que leur souvenir est cultivé et célébré.

Cette mémoire est apaisée non pas seulement parce que les révisionnistes et tous ceux qui se sont autoproclamés à tort, propriétaires de notre histoire font amende honorable, mais surtout parce qu'il y a reconnaissance ultime de l'inexactitude, de l'approximation tout au moins, de l'histoire jusqu'à lors en vigueur. La mémoire est enfin apaisée parce qu'après cette acceptation commune de la place et de la résonnance que ces acteurs, ces faits et ces évènements historiques prendront dorénavant, cette nouvelle mémoire est protégée par la garantie de sa consignation par l'écriture et de sa transmission aux générations futures.

Le temps s'en va, les hommes passent, les époques changent. Avec ces changements, nous perdons aussi et un peu plus les repères de cette histoire dont les acteurs majeurs s'évanouissent sur les berges de l'oubli. Il ne nous reste que notre mémoire. Cette mémoire qui, parce qu'immatérielle est immortelle et a vocation à l'éternité. Mais cela dépend de nous, uniquement de nous.

Nous devons impérativement prendre conscience de notre communauté de destin. Celle-ci nous impose pardon, sacrifices et concessions. Et puisque nous sommes condamnés à vivre ensemble, nous avons intérêt à apprendre à vivre ensemble. Cela suppose un apprentissage du pardon, de la tolérance, du respect de la différence, de l'amour de l'autre et des trois autres vertus ci-dessus évoquées (pardon, sacrifices, concessions). Toutes ces vertus constituent les seules garanties de la cohésion sociale, de la concorde républicaine et de l'unité nationale, des gages d'un épanouissement collectif homogène.

CHAPITRE II

DE L'AFFIRMATION D'UNE IDENTITÉ COMME SOCLE DU DÉVELOPPEMENT

> « L'avenir de toute communauté humaine dépend de son histoire. C'est cette histoire qui l'a façonné, qui en fait ce qu'elle est dans le monde d'aujourd'hui, avec ses caractères propres, ses atouts, ses handicaps, le capital matériel et le capital de connaissances qu'elle a accumulés »[36].

En 1985 déjà, Pie-Claude NGUMU, comme la plupart des experts camerounais participant au Colloque organisé par le Ministère de l'Information et de la Culture, à l'occasion de la 2e édition de la Semaine culturelle nationale tenue du 13 au 20 mai 1985, faisaient remarquer avec gravité « *la situation de crise culturelle* »[37] dans laquelle le Camerounais se trouvait à ce moment-là. Sans questionner la pertinence des recommandations de politiques générales, en termes de résultats qui ont conclu ce colloque ; ce qui serait trop facile trente ans après, force est quand même de constater que depuis 1985, la situation de crise culturelle de notre pays a bien empiré. À cette époque déjà, Pie-Claude NGUMU alarmé écrivait :

> *« On dirait que le Camerounais ne se sent rassuré de son identité que parce qu'il est né au Cameroun, parce qu'il jouit de la*

---

[36] *Afrique 2025. Quels futurs possibles pour l'Afrique au sud du Sahara ?,* Futurs africains, Karthala, 2003, p. 26.

[37] *Actes du Colloque, op. cit.*, p. 19.

citoyenneté camerounaise, parce que le Cameroun est sa patrie d'origine »[38].

Il poursuivait d'ailleurs en affirmant :

> *« Pourtant, il y a autre chose de plus déterminant, de plus profond, de plus décisif, en dehors de la carte nationale d'identité, qui doit distinguer le Camerounais du reste de l'humanité. (...) C'est sa manière d'être, de vivre, de se comporter, de parler, d'agir qui, normalement, doit être le reflet évident de son héritage culturel »*[39].

Aujourd'hui effectivement, en dehors de la carte nationale d'identité, brandie uniquement lorsqu'elle semble de quelque utilité, le plus souvent cachée, surtout à l'étranger, parce qu'elle constitue généralement un handicap, l'identité camerounaise est quelque chose de véritablement flou. Hormis les stéréotypes et autres préjugés bien rependus ici et là et qui nous desservent, telle notre propension à la malhonnêteté et à la corruption, l'identité camerounaise, de façon consensuelle ne renvoie à rien de précis.

Dans une telle situation, aucune émergence n'est possible, même à l'horizon 2100. Encore moins le développement qui est en fait l'objectif ultime. Puisque l'identité, selon nous, est le socle même du développement.

Il faut reconnaitre que le concept d'émergence est devenu une véritable tarte à la crème. Dans tous les discours de tous les hommes politiques aujourd'hui, principalement dans le monde en voie de développement, surtout en Afrique, le terme fait fureur. Inspiration fumante ou élucubration fumeuse, effet de mode ou réelle ambition, difficile à dire. Toutefois, ce qu'on constate, à regret d'ailleurs, c'est que chacun y met le contenu qu'il veut ou qu'il peut. Ce contenu détermine apparemment, en terme d'échéance aussi, le point d'achèvement de cette grande ambition : *Émergence à*

---

[38] NGUMU (Pie-Claude), *Actes du Colloque, op. cit.*, p. 19.
[39] *Ibid.*

l'horizon 2015 et *émergence à l'horizon 2020* pour les uns, les plus convaincus apparemment, les ''optimistes'' certainement ; *émergence à l'horizon 2025* et *émergence à l'horizon 2030 ou 2035* pour les autres, les moins ambitieux, c'est selon, ou les plus prudents peut-être.

Mais au fait, qu'est-ce que l'émergence ?

D'emblée, il convient de relever que le concept d'*émergence* s'impose au début des années 80. On a fait recours à ce concept pour qualifier le niveau de certaines économies. On parle par exemple de *« pays émergents »* ou d'*« économies émergentes »*. Le premier à lui donner un tel écho, en 1981 précisément, c'est Antoine VAN AGTMAEL, économiste néerlandais à la Société Financière Internationale (S.F.I.), pour parler « *de pays en développement offrant des opportunités pour les investisseurs* ».

De nombreux spécialistes ont relevé les critères qui permettent de définir un pays émergent. Ces derniers s'appesantissent le plus souvent sur les changements structurels, tels que : la rénovation du cadre juridique et institutionnel, le passage de la production manuelle à la production mécanique et industrielle, l'ouverture au marché mondial des produits et services, l'ouverture du territoire aux flux internationaux de capitaux.

Malheureusement, la définition reste très discutée. Parfois elle est réduite à celle de Nouveaux Pays Industrialisés (NPI)[40]. Parfois elle qualifie les pays en développement qui ne font pas partie des Pays les Moins Avancés (PMA). Notons toutefois que quelques critères plus ou moins consensuels permettent de définir précisément les pays relevant du groupe des émergents. Ce sont :

---

[40] Mais les premiers de ces pays, regroupés sous le nom générique de « quatre dragons asiatiques », ne peuvent plus être qualifiés d'« émergents », car leur émergence date de la fin des années 1980.

- *Un revenu par habitant en parité de pouvoir d'achat (PPA) compris entre 10 et 75 % du revenu moyen de l'Union européenne*[41] .
- *Une croissance supérieure à la moyenne mondiale durant la décennie récente, et donc un poids important dans la création de la richesse mondiale.*
- *La modernisation progressive du cadre juridique et institutionnel.*
- *L'industrialisation, la mécanisation de l'agriculture et l'ouverture économique.*
- *L'ouverture au commerce mondial et aux mouvements des capitaux.*

Au début des années 2010, une soixantaine de pays répondent à ces critères. Ces derniers constituent les deux tiers de la population mondiale et ensemble ils représentent près de 50 % de la richesse créée sur le globe. Parmi eux, les BRICS (Brésil, Russie, Inde, Chine, Afrique du Sud), l'Indonésie, le Mexique et la Turquie font figure de représentants de premier ordre.

On peut relever à la lumière des faits et des analyses de nombreux experts un important paradoxe. D'un côté, que l'émergence économique est principalement un produit du contexte de mondialisation parce que finalement l'émergence implique des trajectoires décisives de changements économiques et sociaux, certes singulières, mais étroitement articulées à la mondialisation. De l'autre, que l'émergence reste attachée aux contextes nationaux, qu'il s'agisse des particularismes internes liés aux configurations institutionnelles ou ceux de la qualité des politiques publiques poursuivies.

---

[41] Ceci exclut donc les pays les moins avancés et les pays riches.

Il convient dès lors d'intelliger ce concept pour mieux le comprendre, en déceler les implications diverses et plurielles, l'adapter aux réalités d'un contexte, d'un environnement et aux ambitions et trajectoires d'une société.

La réflexion sur l'émergence renvoie donc *in extenso*, au décryptage des processus par lesquels une société s'emploie à créer du sens sur sa trajectoire évolutive, par l'amplification de son identité et l'invention à la fois d'un modèle de société et d'un système de gouvernance originaux qui puissent lui assurer l'épanouissement collectif et lui garantir *in fine* l'éternité de sa civilisation.

In stricto, une réflexion sur l'émergence renvoie à l'analyse des mécanismes qui permettent à une économie en développement d'atteindre une trajectoire de croissance durable dans ce contexte de concurrence internationale intense. Dans cette optique, il s'agit d'identifier les stratégies nationales et les politiques publiques singulières pouvant impulser et dynamiser une croissance ''enrichissante'' et permettre à terme la réduction de la pauvreté et des inégalités, l'amélioration du cadre global de vie, des progrès scientifiques, techniques et technologiques, le respect des droits de l'homme et la protection de l'environnement.

L'émergence ne peut pas être un vœu pieux, car le rêve d'émergence ne peut se concrétiser que par une volonté nationale à toute épreuve, l'abnégation et la détermination de chacun dans le travail acharné. Cependant, le préalable à tout ceci, comme on peut bien s'en douter, est l'érection, l'affirmation et la valorisation de l'identité d'une communauté et de ce qui fait sa typicité (I) et l'impératif de placer l'intérêt général au-dessus des intérêts particuliers (II), impératif sans lequel il n'y a pas de République.

I- Identité, typicité et développement

> *« Le résultat, nous le vivons et il nous inquiète. Nous nous apercevons que le Camerounais n'est pas tout à fait en adéquation, ni avec lui-même ni avec sa culture, de même qu'il n'est non plus un pur produit de la culture allogène.*
>
> *Étant donné qu'il n'est ni tout à fait lui-même ni tout à fait autre, qu'est-il donc ? »*[42].

Au-delà des idées reçues et des clichés, réducteurs pour la plupart, sur le fait avéré ou non, que l'*Irlandais est rebelle et indépendantiste ;* que *le Chinois est travailleur et ancré sur sa culture* ; que l'*Américain est ethnocentriste*, ne perd jamais, se relève toujours et est convaincu que sa culture est civilisation et a vocation à l'universalité ; que l'*Allemand est besogneux et rigoureux ;* que *le Sud-Africain est courageux et optimiste* ; que *le Burkinabé est intègre*, ces qualificatifs et traits de caractère dominants, mythes ou réalités, enseignent et renseignent sur l'existence d'une identité de chacun des peuples dont il est fait écho. Cette identité impacte sur leur vision du monde et des autres, influe sur la perception qu'ils ont d'eux-mêmes et que les autres ont d'eux.

Il n'y a pas de développement possible sans érection et affirmation d'une identité. Les exemples des États-Unis d'Amérique, de l'Europe, des BRICS ou des Dragons asiatiques le démontrent amplement.

Il faut affirmer cette identité camerounaise (A) et construire tout projet de développement autour de celle-ci (B).

A. L'affirmation de l'identité

> *« Tous les grands groupes ethniques du continent africain se sont donnés rendez-vous chez nous (...); tous les mélanges, tous les métissages ; toutes les langues, toutes les religions ;*

[42] NGUMU (Pie-Claude), *Actes du Colloque, op. cit.*, p. 20.

tous les climats aussi, tous les paysages, tous les types humains. C'est littéralement, l'Afrique en miniature »[43].

''Qu'est-ce qu'être camerounais ? Pourquoi sommes-nous si fiers de l'être ? Quel Cameroun voulons-nous pour nos enfants ?'' Voici trois questions fondamentales. Des questions que le Président de la République du Cameroun, Monsieur Paul Biya, s'est posé en son temps, les posant du même coup à l'ensemble de ses compatriotes. Ce ne sont certes pas les seules, on peut y intégrer toute une batterie d'autres questions. Par exemple celles en rapport avec nos origines et notre histoire, notre rapport aux autres et la pertinence de nos projets. Mais ces questions ''présidentielles'' ont l'avantage certain d'englober et d'intégrer ces dernières.

Malheureusement, au fil des ans, personne n'a estimé qu'il fût important d'y apporter des réponses. Ni l'initiateur du questionnement, ni le peuple à qui, apparemment, celui-ci était destiné *(même le comité d'organisation de la célébration / commémoration des cinquantenaires n'a pas estimé que ce questionnement pouvait valablement constituer un module, tout au moins un thème de la réflexion initiée à cet effet)*.

Ce que nous croyons pour notre part, c'est que l'émergence n'arrivera jamais tant que ces questions fondamentales resteront ignorées ou éludées, tant que cette étape ne sera pas franchie. Au fait, nul besoin d'être devin, on n'a juste à analyser froidement la triple crise que nous traversons en ce moment pour nous en convaincre :

Une **crise morale** sans précédent (corruption à ciel ouvert, détournement sauvage des deniers publics, antipatriotisme criard, profanation du sacré, banalisation des autorités et des

---

[43] REVEREND PERE MVENG (Engelberg), « Y a-t-il une identité culturelle camerounaise ? », *L'identité culturelle camerounaise*, op. cit., p. 69.

leaderships moraux, violation et désacralisation des emblèmes nationaux, instrumentation du religieux et des magistères spirituels, …).

Une **crise sociale** majeure (chômage sans précédent et sous-emploi aggravé, prolifération des maladies endémiques et épidémiques, exode rural, prostitution généralisée, essor du libidinalisme d'État, montée du grand banditisme et floraison des crimes crapuleux et rituels, prolifération des sectes pernicieuses, enracinement du maraboutisme institutionnel et de la sorcellerie d'État, tribalisme et repli identitaire…). Même si Manuel JORGE estime pour sa part que « *la crise sociale n'est pas une fatalité, car elle n'est que le reflet des contradictions qu'affronte la société dans la recherche de son propre équilibre* »[44].

La raison pour laquelle la crise sociale n'est généralement pas résolue, selon lui, en est toute simple :

> *« C'est parce que la société ne trouve pas des voies d'échappement. Toutes les issues ont été bloquées par une pensée politique limitée, des structures sociales sclérosées, une organisation économique déphasée. Il faut par conséquent rechercher de nouvelles issues à la crise : inverser le flux migratoire et élargir le sommet de la pyramide sociale »*[45].

Une **crise économique** longue et sévère (déstructuration de l'appareil de production, désuétude des infrastructures et des équipements publics, insécurité alimentaire, famine généralisée, inflation sévère, crise du secteur bancaire, affaiblissement de l'épargne nationale…).

Des crises auxquelles nous avons volontairement ignoré d'ajouter **la crise politique** qui est consubstantielle à notre système politique, à notre structure institutionnelle, aux stratégies, aux jeux et enjeux égoïstes des acteurs politiques en présence.

---

[44] JORGE (Manuel), *op. cit.*, p. 41.
[45] *Ibid.*

Dans cette trame, l'érection, l'affirmation et la valorisation d'une identité camerounaise nous semblent un préalable important. Cela suppose, premièrement, une reconnaissance de notre passé commun et de ce que cela implique et un respect de nos singularités (1) ; deuxièmement, une exigence permanente et collective de solidarité et un devoir réel d'espérance (2).

1. La reconnaissance du passé, le respect des singularités et la promotion de la diversité

L'affirmation de l'identité passe par la reconnaissance de notre passé commun et le respect de nos singularités. Dans les lignes qui précèdent, nous avons indiqué qu'un devoir de mémoire s'imposait à l'ensemble de notre Peuple. Ce devoir de mémoire suggère la reconnaissance de notre passé, avec ce qu'il a d'heureux et de douloureux. En effet, nous l'avons dit, la mémoire a pour socle l'existence de souvenirs communs, ainsi que la reconstruction des étapes oubliées de l'histoire. Ces souvenirs sont de plusieurs ordres et doivent être acceptés tels qu'ils sont. Ce passé est un legs important qui consacre l'acceptation de notre filiation et scelle notre volonté de poursuivre l'œuvre de construction de notre pays. Notre passé est nôtre, quel qu'il soit, et c'est sur lui que se bâtit le présent, se profile l'espérance et se projette l'avenir.

En outre, le respect de nos singularités, en termes de traditions, de mœurs, de croyances, de représentations, d'organisation sociale ; de façon de penser, de façon d'être et de faire, constitue un impératif de paix, de concorde, de cohésion et d'unité. Ce sont ces singularités associées et constellées qui fondent notre diversité, puissant levain de développement, précieux atout à ce banquet des civilisations.

2. L'exigence de solidarité et le devoir d'espérance

Le Cameroun est avant tout une idée, parce qu'il ne se résume pas en un territoire, en une population et en un pouvoir effectif et reconnu. Dans un premier temps parce que, dans une perspective mystique, spirituelle et cosmogonique, il est le fruit de la volonté d'un Esprit suprême qui l'a confié à nos aïeux, par un dépôt d'humanité, de spiritualité, d'intelligence et d'espérance, pour le faire prospérer et le perpétuer. Cette dimension idéelle mythique, mystique et transcendantale, véritable essence de notre réalité et de notre singularité, semble au-dessus de l'État et au-dessus de nous-mêmes et suggère le respect du droit naturel qu'il implique.

Dans un second temps, le Cameroun est l'Idée que ses pères fondateurs s'en sont faite, c'est-à-dire nos illustres devanciers, martyrs de la liberté et de l'autodétermination, morts dans la défense de notre terre. Cette Idée qui explique toutes les luttes et tous les efforts, justifie tous les sacrifices et tous les renoncements, impose de s'engager et exige d'espérer.

Cette Idée s'inscrit évidemment dans le prolongement de la première (Idée transcendantale), mais s'en distingue. Elle s'en distingue d'abord parce qu'elle est construction d'une philosophie commune d'appartenance à un être sublime, un et indivisible. Ensuite parce qu'elle se veut fécondation des consciences individuelles par les schèmes mentaux hérités, au travers de la transmission des valeurs, de la sublimation et de la contrainte au besoin. Enfin parce qu'elle se veut concrète : le Cameroun est grand, moi je suis tout petit. Je me dois donc de faire chaque jour de mon mieux pour le rendre prospère, ce jardin que mes aïeux ont cultivé, dans la filiation fidèle à la posture selon laquelle *''nous n'héritons pas du pays de nos pères, nous l'empruntons à nos enfants''*[46].

Nous devons avoir conscience de cette grande Idée et ensemble travailler à la restituer, car le Cameroun doit être le fondement de notre foi et le foyer brûlant de notre conscience nationale. C'est cette foi, essence de l'énergie nationale, qui féconde notre devise : « *Paix – Travail – Patrie* ».

Nous sommes convaincus que c'est cette nouvelle façon de penser, qui inaugurera une nouvelle façon de faire et vivre en Camerounais et en Africain. Elle implique de croire au Cameroun, non pas seulement parce que son origine est singulière, son épopée prodigieuse, son odyssée glorieuse et qu'elle peut l'être davantage, au-delà des jeux, des enjeux, des contraintes et des conjonctures. Mais aussi parce que dans notre esprit, le Cameroun est ce qu'il y a de plus grand et de plus beau parce que son avenir ne peut qu'être radieux si nous y travaillons. Il sera radieux parce que les précédentes générations ont connu la traite négrière, l'esclavage, la colonisation, les luttes d'indépendance, les tâtonnements de l'institutionnalisation et toutes sortes de crises sans jamais désespérer. Notre pays est toujours debout et fier.

Il sera radieux parce que les générations présentes, pour le bien des générations futures, dans un esprit de legs et de responsabilité continus, unies dans la plus grande diversité, savent se retrouver quand il le faut pour défendre l'intégrité du territoire et l'intégralité de la souveraineté.

Il sera radieux parce que ces différentes générations de camerounais, au-delà des lignes de faille et des clivages sociopolitiques, cosmétiques pour la plupart, ont compris depuis fort longtemps que notre force réside dans notre unité et notre énergie nationales, et que notre survie dépend à la fois de la vérité de nos combats, de la sincérité de nos choix,

---

[46] Proverbe d'Afrique de l'Ouest.

de l'humanité dans nos quêtes et de l'humilité dans nos victoires.

Nous devons croire en notre pays parce que sa position géographique et géostratégique est enviée de tous ; parce que ses atouts spirituels, humains, physiques, climatiques, énergétiques entre autres, presque inexploités à ce jour, sont sans pareils ; parce que son potentiel économique, son capital social et culturel sont incroyables ; parce que les Camerounais constituent un peuple extraordinaire, de véritables figures illuminées par l'intelligence qui peuvent devenir de géants acteurs du changement et des catalyseurs du développement portés par un patriotisme rarement pris à défaut.

B. La construction du développement autour de l'identité

> « Face à ces défis, il faut toujours avoir présent à l'esprit que les problèmes du monde actuel comportent, tous, des significations d'ordre culturel, et que la culture d'un peuple est à la fois une dimension et une finalité de tout projet sociétal »[47].

Dans le débat sur l'émergence, l'enjeu c'est le développement. En effet, l'émergence est un processus, une dynamique intégrant toutes sortes de mutations et de transformations, dont le cap est le développement. Celui-ci n'est donc pas le fait du hasard, fruit d'un chapelet d'incantations et d'un catalogue de bonnes intentions, résultant d'une entreprise sorcière ou maraboutique de prestidigitation et de vœux pieux.

Le développement c'est d'abord une volonté clairement exprimée (portée par une pensée logique, une

---

[47] THIAM (Iba Der), « Démocratie, multipartisme (majorité / opposition) et paix politique », *Pouvoir et paix civile en Afrique*, Cahiers Présence Africaine, Présence Africaine Editions, Paris – Dakar, 1996, p. 56.

vision intelligente et des stratégies pertinentes et opératoires) et la détermination d'aller de l'avant en améliorant sans cesse le quotidien de la communauté.

Le développement c'est ensuite le travail et la qualité de l'organisation des acteurs et des facteurs de la transformation, dans un esprit d'appropriation et de participation collective (mise en œuvre des politiques publiques dédiées, cohérentes et adaptées, suivis et contrôles, évaluation et recadrages).

Le développement c'est enfin la culture de la gagne, la foi opiniâtre dans l'irréversibilité de cette ''révolution'' salutaire, et l'abnégation à poursuivre les efforts qui s'imposent à chaque étape du processus.

Voilà la formule magique du développement !

Ce n'est pas une découverte encore moins une invention. D'autres l'ont expérimentée avant nous. De nombreux États sont passés par là, priorisant certes tel aspect sur tel autre ; c'est-à-dire en se donnant simplement leur idée du développement malgré l'universalité de la formule. Autrement dit, il faut reproblématiser le développement (1) et mettre son identité au service de celui-ci (2).

1. La reproblématisation, pour une conception africaine du développement

> « Ô mon Peuple ! quand cesseras-tu d'être le sombre jouet au carnaval des autres ? »[48]

Le but ultime de l'émergence c'est le développement comme nous l'avons rappelé plus haut. L'une des questions qui se posent aujourd'hui avec une acuité certaine, c'est celle de savoir si les dynamiques d'émergence qui ont eu lieu à la fois dans les pays développés et dans les pays aujourd'hui

[48] CESAIRE (Aimé), *La tragédie du roi Christophe*, op.cit.

émergents, peuvent être reproduites à l'identique dans l'ensemble des pays en développement.

Compte tenu de la montée en puissance du BRICS[49] et d'autres économies conquérantes telles la Turquie, l'Indonésie et le Mexique, dont l'une des manifestations communes d'importance est la croissance spectaculaire de leurs exportations vers le marché mondial des biens et services, est-il par exemple envisageable d'asseoir un processus de croissance sur l'industrie ? Quels secteurs seraient à priori favorables à un tel processus et quelles seraient leurs conditions de développement ?

Sinon, serait-il possible d'envisager une dynamique de développement faisant l'impasse sur l'industrialisation et permettant de passer directement d'une économie agricole à une économie de service ?

Quelle est la place et le rôle du capital humain dans une stratégie de développement et quel poids doit occuper la santé, l'éducation et la culture des hommes, agents, acteurs, sujets et cibles de ladite stratégie ?

Sur un tout autre point, peut-on considérer les énergies fossiles, minières et minérales comme une forme d'avantages comparatifs ou constituent-elles simplement un leurre économique ? Dans quelle mesure l'exploitation du capital naturel peut-elle promouvoir le développement durable d'une économie ?

D'autres questionnements tout aussi importants peuvent être soulevés : les libertés et la démocratie constituent-elles des conditions préalables au développement ? La constitution d'une classe moyenne est-elle un préalable au développement ou tout au moins un levier déterminant ? Autant de questions

---

[49] Groupe des pays émergents formé du Brésil, de la Russie, de l'Inde, de la Chine et de la République Sud-africaine.

que soulève la problématique de l'émergence dans les pays en développement.

Par ailleurs, les différents stades de la croissance ou les principales étapes du développement proposés par des économistes de renom, comme Walt Whitman ROSTOW[50], sont-ils toujours pertinents ? Ne l'ont-ils jamais été à l'épreuve des faits et des trajectoires singulières des États aujourd'hui développés ou simplement émergents ?

Nous n'avons certainement pas de réponses à toutes ces questions. Mais ce qu'il convient de dire à ce stade de l'analyse est que l'affirmation de l'identité impose, cela va sans dire, de reproblématiser le concept développement.

En s'appropriant toutes les réflexions actuelles sur la question et les expériences des autres États, les Camerounais doivent répondre à une question centrale : **qu'est-ce que le développement pour nous ?** Même s'il est vrai que nous préférons le terme **progrès** à celui de développement, qui lui a un écho moins consumériste tout en étant fortement en résonnance avec la dimension qualitative qui manque consubstantiellement au concept de développement. Dans cette optique, nous serons en phase avec le célèbre chef indien SITING BULL (1831 – 1890) qui affirmait à titre prémonitoire : *« quand le dernier arbre sera abattu, la dernière rivière empoisonnée, le dernier poisson capturé, alors le visage pâle s'apercevra que l'argent ne se mange pas ».*

Reconnaissons par ailleurs qu'à la question ''qu'est-ce que le développement pour nous ?'', on peut ajouter des questions secondaires par exemple : à quoi reconnait-on un pays

[50] ROSTOW propose en 1960 les 05 étapes du développement : 1- la tradition, 2- la transition, 3- le décollage, 4- la maturité et 5- la consommation de masse.

développé ? À quel moment penserons-nous l'être devenus nous aussi ?

Après ceci, bien entendu, viendra l'autre questionnement sur le comment procéder pour atteindre ledit développement et le comment séquencer la dynamique ainsi initiée. En effet, il faut dire qu'au-delà des indicateurs connus (produit intérieur brut (PIB), produit national brut (PNB), taux de croissance, taux d'inflation, taux de scolarisation, etc.), chaque pays doit pouvoir imaginer ses propres indicateurs. Un indicateur n'est rien d'autre qu'une mesure, qu'une jauge, qu'un baromètre, qu'un indice, qu'un critère, qu'un point de référence constituant une variable ayant pour objet de mesurer ou d'apprécier un état, une situation, un processus, une dynamique telle qu'une évolution économique. Il est donc important d'inventer son propre baromètre, ce d'autant plus que l'expérience nous renseigne que chaque peuple qui s'est développé a défini son propre modèle de développement et construit ses propres indicateurs à cet effet.

Dans ce contexte où nous subissons la verticalité, c'est-à-dire la dictature des modèles dominants (politiques, économiques, financiers, sociaux, culturels, religieux…), il faut dire que la question du développement est aussi une question de modèles. Cette question de modèle influence la définition que chaque peuple, comme chaque expert, peut donner au concept de développement. Pour Joshua WOLFE, on peut entendre par développement, « *toutes formes d'expansions économiques, politique et culturelle, dans leurs dimensions et conséquences sociales* »[51]. Cet auteur insiste

[51] WOLFE (Joshua), *Imagine Milton-Parc. Plan de développement durable du quartier*, Centre d'écologie urbaine de Montréal (info@ecologieurbaine.net), 2007, cité par MERCIER (Clément), *Participation citoyenne et développement des communautés au Québec : enjeux, défis et conditions d'actualisation*, Université du Québec en Outaouais, Revue Développement social et de l'ARUC-ISDC, numéro 8, janvier 2009, p. 22.

sur la distinction entre développement et croissance en ces termes « il est possible de progresser, d'évoluer et de s'épanouir sans consommer davantage de ressources ou occuper plus d'espace »[52].

Comme il est de plus en plus fréquent, la notion de développement peut aussi être envisagée dans une perspective de lutte contre les inégalités. Dans cette optique, il renverrait à « *une mobilisation économique, sociale et culturelle de toutes les potentialités d'un pays, d'une région ou d'une communauté locale autour d'objectifs d'amélioration des conditions de vie des populations* »[53].

Toutefois, nous partageons la définition de Michel TJADE EONE selon laquelle :

> « *Le développement est un processus endogène et cumulatif destiné à inscrire le progrès social dans la durée, permettant à terme, de passer d'une situation de précarité, de vulnérabilité et d'insécurité, à une situation de plus grande maîtrise de l'incertitude grâce à la satisfaction des besoins fondamentaux de l'Homme* »[54].

Cette définition fait largement écho à André MBOULE lorsqu'il affirme que le développement est :

> « *Un accroissement de la capacité et du désir de satisfaire ses propres besoins et désirs légitimes ainsi que ceux des autres. Il n'est possible que s'il y a un progrès continu dans les domaines de la science et de la technologie (recherche du vrai), de l'économie (recherche de l'abondance), de l'éthique et de la morale (recherche du bien) et de l'esthétique (recherche du beau)* »[55].

---

[52] *Ibid.*

[53] *Ibid.* L'auteur fait référence ici aux réflexions de FAVREAU et FRECHETTE, *Mondialisation, économie sociale, développement local et solidarité internationale*, PUQ, 2002, 252 p.

[54] TJADE EONE (Michel), *op. cit.*, p. 73 – 74.

[55] MBOULE reprenant Russel L. ACKOFF in MBOULE (André), « L'ingénieur, aujourd'hui et demain », *Cameroon Tribune N° 2551*, 06 janvier 1997. Voire aussi *Le Polytechnicien,* N° 001, Janvier 2005, p. 17.

Dans le concept de modèle, il y a plus l'idée de conception, d'imagination, d'invention que celle d'adaptation, de greffe, d'appropriation ou d'endogénéisation. Dans le concept de modèle, il y a donc **reproblématisation**, puisqu'on est bien au-delà du double mouvement de déconstruction / reconstruction. Il y a plutôt ici analyse d'une situation et invention d'une formule adaptée à cette dernière et à son environnement d'ancrage. C'est pourquoi Georges Walter NGANGO pense que :

> *« La connaissance du futur et la capacité d'anticiper sont destinées à guider l'action d'aujourd'hui et de demain. Pas de développement sans projet de société impliquant des changements qualitatifs et quantitatifs, les évolutions culturelles, politiques et sociales qui façonnent de manière inéluctable la société et son aptitude à élaborer ses propres modèles de développement »*[56].

2. L'identité au service d'un développement authentique

> « Parce qu'elle porte en elle le code génétique de chaque communauté, c'est dans la culture qu'il faut chercher les vraies réponses aux multiples défis de l'existence humaine, les vraies réponses aux impasses du présent. C'est là aussi que résident, me semble-t-il, les clés ouvrant l'accès aux balises des futurs possibles »[57].

Dans une importante réflexion sur les dynamiques de développement des nations, Edgar PISANI affirme que « *le*

---

[56] NGANGO (Georges Walter), *cité par* TJADE EONE (Michel), *op. cit.*, p. 74. Voire aussi HUGON (Philippe), « Renouveau et évolution de l'économie du développement dans un contexte de mondialisation », *in* (dir.) BEKOLO EBE (Bruno), MAMA TOUNA, FOUDA (Séraphin-Magloire), *Dynamiques de développement. Débats théoriques et enjeux politiques à l'aube du 21e siècle.* Mélanges en l'honneur de Georges Walter NGANGO, Paris, Montchrestien, 2003, pp. 107.

[57] THIAM (Iba Der), « Démocratie, multipartisme (majorité / opposition) et paix politique », *op. cit.*

développement est d'abord un processus politique et culturel avant d'être économique et technologique »[58].

Les dimensions politique et culturelle sont donc déterminantes parce que constituant le préalable à toute dynamique de développement. Eugene NYAMBAL se situant clairement dans cette ligne d'idées pense qu'*« il n'y a pas de développement sans dignité, pas de dignité sans ambition et aucune ambition n'est possible dans un état de dépendance »*[59].

Le Cameroun, pour revenir à lui, a fait il y a quelque temps la une, non pas à la faveur de prouesses ou à tout le moins de performances économiques, de découvertes scientifiques, de réalisations culturelles d'envergure ou d'exploits sportifs ; mais du fait de la corruption. Au Cameroun la corruption est devenue endémique et a atteint de telles proportions qu'elle est devenue le qualificatif incontournable accompagnant immanquablement le nom du Cameroun : premier pays corrompu du monde. Même le décrochage dans ce funeste classement du fait de légères améliorations du système institutionnel, du cadre normatif et de la qualité de la gouvernance, n'y peut finalement rien.

La première idée que l'on se fait du Cameroun aujourd'hui, relayée naturellement par les Camerounais eux-mêmes, d'ici comme d'ailleurs, précisément de ce qui a pris le nom de diaspora, est que le pays est fondamentalement corrompu. Cette image déteint sur les Camerounais qui sont redoutés et craints partout, non du fait de leurs mérites, mais de leur inclinaison à la corruption, de leur banditisme et de leur propension à violer ou à contourner la loi. Sans faire le tour complet des classements de la honte où nous discutons

---

[58] Edgar PISANI cité par NYAMBAL (Eugène), *Afrique : les voies de la prospérité. Dix clés pour sortir de la pauvreté*, L'Harmattan, 2e édition, 2008.
[59] Ibid.

chaque année le palmarès de tête, nous pouvons par exemple noter, à titre complémentaire, que le Cameroun est :

- 54e sur 100 au *Global Integrity 2011* ;
- 122e sur 144 au *Global Competitive NFSS Report 2012 - 2013*, Index 3. 69/7 ;
- 36 sur 52 au *Mo Ibrahim Index on Governance* ;
- 144e sur 176 au niveau mondial et 34e sur 48 au niveau africain au classement *2012 IPC - Transparency* ;
- 131e sur 167 au *Index on Democraty 2012 - 2013*, catégorie *''Autoritarian Regims''*, Index 3.41 /10 ; et la liste peut être poursuivie encore longuement.

Cette mauvaise image est devenue un élément de notre identité et nous peinons à nous en défaire.

L'identité doit pourtant être mise au service du développement parce qu'elle doit donner à la dynamique de progrès une coloration singulière et authentique. L'identité peut donc être envisagée comme le socle du développement, tout au moins son levain. Mais de quelle identité s'agit-il ? Celle de pays corrompu ? Celle de pays antidémocratique et de liberticide ? Certainement pas !

L'identité se construit. Elle est d'ailleurs le fruit d'une sorte de programmation mentale collective et intergénérationnelle, consignée au fil des ans dans la mémoire génétique commune. Notre histoire, notre mémoire, notre culture, nos valeurs, nos croyances et surtout notre ontologie, notre cosmogonie et nos mythes fondateurs ; nos traits caractéristiques, nos préférences culinaires et nos habitudes alimentaires sont autant d'atouts à exploiter et à vendre s'ils sont réellement pris en compte et valorisés : **C'est ce qui constitue notre vraie identité.** Dans ce sens, s'interrogeant sur l'existence ou non d'une identité culturelle camerounaise, le Révérend Père Engelberg MVENG affirme que :

> « *L'identité est par définition ce qui fait qu'un être est lui-même, et se distingue de tous les autres (...) l'identité ne s'occupe pas de l'uniformisation des caractères propres à un individu (...) elle s'intéresse davantage à ce qui constitue leur originalité* »[60].

Il ajoute d'ailleurs, pour conclure sur ce point, que parler d'identité culturelle c'est parler en premier lieu de l'héritage culturel d'un peuple dans ce qu'il a de riche ou de pauvre, dans sa variété, dans son originalité, dans ce qui, précisément, le rend différent des héritages culturels des autres peuples[61]. Mais parler d'identité culturelle, dit-il, c'est aussi :

> « *Parler de la créativité, du dynamisme, de la fécondité du génie d'un peuple, ainsi que ses productions dans tous les domaines, en tant que ces productions sont l'expression de la manière dont ce peuple s'humanise et se réalise dans l'histoire* »[62].

Cette prise en compte de l'identité doit donc être mise au service de notre dynamique de développement en intégrant, en mettant en relief et à profit, à chaque étape de ladite dynamique, telle ou telle valeur, telle ou telle caractéristique, telle ou telle singularité.

Si au Cameroun, une ethnie ''A'' a des propensions à la gestion, ses ressortissants sont un atout pour toute la société. Si une ethnie ''B'' par contre a originellement un savoir-faire agricole, architectural, esthétique, artistique, sportif, artisanal, culturel et cultuel ; ou encore des connaissances avérées en matière d'innovation, d'astrologie, de métaphysique, de médecine, de guerre et de commandement, cela doit profiter à tous, sans pour autant confiner ''A'' et ''B'' à telle ou telle

---

[60] REVEREND PERE MVENG (Engelberg), « Y a-t-il une identité culturelle camerounaise ? », *L'identité culturelle camerounaise*, op. cit., p. 67.
[61] *Ibid.*
[62] *Ibid.*

activité, à tel ou tel magistère, à tel ou tel leadership, c'est-à-dire dans l'éloge de la transversalité et de la flexibilité.

Il est simplement question ici de mettre chaque individu, chaque famille, chaque ethnie, chaque communauté, chaque village et chaque région, dans les conditions meilleures pour que son intelligence, son génie et ses aptitudes soient mis au service de la collectivité. Ce sont ces atouts singuliers, mis en synergie et finalement en harmonie qui permettent un développement authentique. Il s'agira alors d'un développement qui nous sera propre et dans lequel, en nous y reconnaissant tout un chacun, serons fiers d'y retrouver ce que nous y aurons mis. En un mot, comme le dit le Révérend Père Engelberg MVENG, notre identité culturelle doit s'imposer *« par sa variété, son originalité, et son authenticité »*[63].

Dans cette dynamique, l'école et les autres cadres de transmission des savoirs, des connaissances et des valeurs ; les centres culturels dans leurs structurations les plus diverses ; les productions artistiques (cinéma, théâtre, documentaires, publicité, etc.) ; les médias, entre autres, doivent impérativement être mis au service de la diffusion, de la promotion, de la vulgarisation et de la défense de notre identité culturelle dans toute sa variété, son originalité et son authenticité pour reprendre le Révérend Père Engelberg MVENG une fois de plus. Dans le contexte actuel d'envahissement sauvage de l'espace médiatique national par des contenus audiovisuels étrangers, véhiculant d'autres façons de voir, de penser et de faire le monde, terreau et levain de l'inculturation de notre pays et du continent *in globo*, une réorganisation de l'espace médiatique et surtout audiovisuel s'impose. Celle-ci passe nécessairement par :

---

[63] *Ibid.*, p. 68.

- La redéfinition ou, à tout le moins, l'amélioration des thématiques essentielles devant nourrir le génie des producteurs desdites œuvres (cinéma, théâtre, documentaires, publicité, etc.).

- La réorientation, pour une meilleure structuration, des différents types de chaines (généralistes et thématiques) d'abord en fonction de leurs cibles *(public enfant, public jeune et public adulte ; public femme et public homme ; public urbain et public rural ; etc.)*, ensuite en fonction des thématiques prioritaires *(éducation, santé, économie, politique, religion, sport, entre autres)*, enfin des enjeux essentiels actuels pour le peuple camerounais (défense, sécurité et paix ; progrès et développement ; sauvegarde de l'identité culturelle et de la civilisation) .

- L'amélioration de l'intervention des pouvoirs publics et de l'implication du secteur privé, de la société civile dans son sens le plus large, des communautés et des partenaires au développement.

- L'augmentation des financements de l'État pour assurer une plus grande compétitivité du secteur et garantir une meilleure rémunération des acteurs intervenants dont les différents types de métiers (producteurs, scénaristes, acteurs, agents d'acteurs, animateurs, entre autres) doivent être conventionnés par l'État.

- La modernisation des plateaux techniques et technologiques et de la formation des différents intervenants du secteur pour la garantie d'un saut qualitatif, etc.

Le média est un puissant outil d'affichage et de présentation des images, des apperceptions et des représentations qu'une société se fait d'elle-même et des autres. Il doit nécessairement constituer une priorité stratégique des pouvoirs publics en contexte mondial de guerre médiatique.

Pour finir, il n'y aura pas de développement en Afrique sans investissement sur l'identité africaine. Cette identité africaine et camerounaise impose un travail préalable, interne, personnel à chaque Africain :

- *L'amour et l'estime de soi.*
- *La confiance en soi.*
- *L'affirmation de soi.*

II- Au-delà du ''Moi'' le ''Nous'' ou le passage obligé de l'individualisme à un ordre social égalitaire

> *« La culture peut, en effet, être un instrument de la paix dans la mesure où elle permet la vie en commun [des Hommes] et leur compréhension mutuelle, en organisant le pont entre le particularisme et l'universalisme, entre le régionalisme et le nationalisme, entre l'individualisme et le solidarisme »*[64].

Le conflit perpétuel entre l'individu et la société existe depuis toujours. Norbert ELIAS affirmait que l'individu autonome c'est le social intériorisé[65] parce que celui-ci, comme le pense Lévy BRUHL, pour vivre, doit appartenir au groupe[66]. Mais comment faire pour que l'individu, le Camerounais en l'occurrence, ne ''meure'' pas en optant de ''vivre'' ? C'est l'une des questions à laquelle notre société doit répondre.

---

[64] JORGE (Manuel), « Angola : crise politique et crise sociale (À la recherche de la paix nécessaire) », *Pouvoir et paix civile en Afrique*, Cahiers Présence Africaine, Présence Africaine Editions, Paris – Dakar, 1996, p. 48.

[65] ELIAS (Norbert), *La société des individus*, Paris, Fayart, 1991, pp. 11 – 15.

[66] LÉVY-BRUHL (Lucien), *La Mentalité primitive*, Quatrième édition, Paris, Librairie Félix Alcan, 1925.

Au fil de l'histoire, les systèmes politiques, les ordres gouvernants et les structures sociales qui ont résisté au temps sont ceux qui ont su opérer le meilleur maillage entre les aspirations individuelles et les exigences de l'existence d'un ordre social. La problématique a donc toujours été celle de la nature de la relation entre l'individu et la société ; mieux du lien entre l'individu autonome et l'existence d'un ordre social.

En fait, deux logiques ou philosophies au moins se sont toujours opposées (A) et d'entre lesquelles, on peut tirer une philosophie sociale adaptée aux sociétés contemporaines en général, à la société africaine et camerounaise en particulier (B). Une société camerounaise qui connaît de plus en plus des cas d'affrontements entre l'individu et le corps social. Cet individualisme, puisque c'est de çà qu'il s'agit, se manifeste entre autres, par un incivisme généralisé, une violation manifeste de la règle de droit tant par le Camerounais lambda que par les institutionnels appelés pourtant à la défendre et à la faire respecter. Une réconciliation entre l'individu et l'ordre social urge donc. Celle-ci n'est possible que si la confiance entre les deux est rétablie ; la justice, l'équité et l'égalité restaurées ; l'autorité de l'État imposée et ses fonctions régaliennes assumées et assurées de manière optimale.

A. De l'existence de logiques antagonistes…

Au moins deux logiques antagonistes majeures peuvent être recensées, la logique individuelle (1) et la logique sociale (2).

1. La logique individuelle

Pour la logique individuelle[67], il n'y a de société digne de l'homme qu'en fonction du respect de chacun de ceux qui la composent. C'est la logique individualiste. Toutefois, il est important de préciser qu'il existe au moins deux formes d'individualisme :

- *Individualisme comme individu affranchi de toute autorité extérieure (autorité institutionnelle).* Celui-ci est plus proche de la philosophie anarchiste qui s'oppose systématiquement à l'existence d'un ordre social global.

- *Individualisme comme individu primant la société.* Celui-ci semble être la traduction même de la Déclaration Universelle des Droits de l'Homme de 1948, parce que dans cette logique, les droits de la personne sont au-dessus de l'État. Cette philosophie, portée par l'école du droit naturel[68] dite moderne[69] prétend, sous l'influence de la philosophie nominaliste, que la seule réalité est l'individu et que chaque Homme possède, en vertu de sa nature propre, des droits[70]. Ces droits dits *''subjectifs''*, s'impose à la raison humaine par le seul examen de la nature humaine et le pouvoir politique ne les crée pas. Ce pouvoir a d'ailleurs le devoir de les consacrer et les hommes peuvent même les faire valoir contre lui. Le jusnaturalisme est ainsi à l'origine de la doctrine des droits de l'homme[71]. C'est

---

[67] Ou les logiques individuelles, parce qu'en réalité il y en a plusieurs. Elles se retrouvent cependant sur les éléments majeurs d'identification recensés ci-dessus.

[68] Dans l'opposition droit naturel (*jus naturalismes*) et droit positif (positivismes).

[69] À coté de l'école du droit naturel classique.

[70] TROPER (Michel), *La philosophie du droit,* Que sais-je, PUF, 2003, p. 17.

[71] Ibid.

la raison pour laquelle cet individualisme tolère les ingérences de toutes sortes dès qu'il s'agit de la protection desdits droits. Les exemples d'ingérences tous récents en Côte d'Ivoire, en Libye, en Syrie entre autres, au prétexte de la protection des droits de l'homme nous le rappellent à suffisance. Bien que dans ces cas-ci, il soit plus question d'une instrumentalisation et d'un enrégimentement des règles de protection des droits fondamentaux de la personne humaine.

2. La logique sociale

La logique sociale suggère le primat de la société sur l'individu. Elle fait écho à l'idée de préservation sociale, de défense de la nation, de raison supérieure de l'État. Ici, la société repose sur des nécessités totalement étrangères à la raison ; lesquelles se rapportent à l'instinct national, à la tradition sociale, au goût du terroir, à l'existence d'une nation faite de chair et de sang, au sol des ancêtres, à la terre des morts, etc. La société repose effectivement ici sur des nécessités qui transcendent les égoïsmes particuliers et pour la satisfaction desquelles, les mesures nécessaires doivent être prises par tous les moyens. C'est la raison pour laquelle Maurice BARRÈS estime que :

> *« Le lien social, la survie de la nation, passe par la prééminence des institutions dont la vocation est d'assurer la survie collective, au détriment, s'il le faut, des droits individuels. L'individu n'existe que par la société ; la défense de celle-ci exige au besoin le sacrifice de l'individu »*[72].

L'individualisme est, selon sa propre expression, « *le dissolvant de l'union nationale* »[73], toute vie en communauté n'étant possible que s'il existe des intérêts supérieurs aux intérêts individuels.

---

[72] WINOCK (Michel), *Le siècle des intellectuels,* Editions du Seuil, 1997, 1999, p. 48 - 49.
[73] Ibid.

Dans cet ordre de pensée, l'idée démocratique par exemple peut être contextualisée, adaptée, infléchie au besoin, aux fins de protection d'un intérêt supérieur de l'État. De même que les autres droits fondamentaux de la personne humaine peuvent être mis entre parenthèses si besoin est.

B. … À l'émergence d'une logique sociale cohérente

> *« Ils avaient connu ce ''miracle'', cette communauté mystique des troupes au feu, cette épuration de l'individu, cette formation soudaine d'une âme collective et fraternelle, … »*[74]

Une logique sociale cohérente est possible (1). Elle existe tout de même de façon traditionnelle. C'est la logique sociale africaine qui doit être confortée avec une modulation conforme à l'évolution du monde et du mouvement propre de nos sociétés. Cette logique africaine est nécessaire, car elle seule peut permettre un dépassement de la tribu, du clan et de l'ethnie (2).

1. La logique sociale africaine

> « Mais voici l'heure du danger. Alors, on s'épaule l'un à l'autre. On découvre que l'on appartient à la même communauté. On s'élargit par la découverte d'autres consciences »[75].

L'individu autonome n'est pas un obstacle à l'existence d'un ordre social. C'est ce que nous postulons parce que, entre les deux logiques présentées ci-dessus, un juste milieu s'impose, l'individu et la société ne pouvant être séparés. Cette idée se veut être un essai d'arbitrage entre les deux logiques et une philosophie sociale en phase avec le contexte mondial actuel. De même qu'il importe de répondre aux défenseurs de la logique individuelle, en s'inspirant de

[74] MARTIN DU GARD (Roger), *Les Thibault,* édition N.R.F., t. IX, p. 32.

[75] St EXUPERY, cité par MAUROIS (André), *Etudes littéraires*, édition Sfelt, t. II, I, p. 261.

Norbert ELIAS qui pense que « *l'individu autonome c'est le social intériorisé* », de même faut-il atténuer la logique sociale en se référant à Émile DURKHEIM qui affirme qu'« *il n'y a pas de raison sociale qui puisse excuser un attentat contre la personne humaine quand les droits de la personne sont au-dessus de l'État* »[76].

Renoncer à ce principe intangible selon lui, c'est remettre en cause toute l'organisation morale du monde contemporain. Il faut de ce fait préciser qu'il est difficile d'adhérer à l'idée de *préservation sociale* de Maurice BARRÈS et à celle de la *sécurité nationale* défendue par Charles MAURRAS. Ces deux formules suggèrent une même idée : la *raison d'État*, qui, visant la ''survie de la collectivité'', autorise les mensonges d'État, les répressions diverses et les stratagèmes de toutes sortes. Et si, face à toutes les formes d'ingérences extérieures récentes et actuelles, ces trois formules trouvent une justification forte, dans le cadre national, c'est l'idée de cohérence de l'ordre social, portée par une morale sociale humaine et humanisante qui est le gage de la paix et la garantie à la fois de l'épanouissement individuel et de la survie du corps social.

Cette cohérence de l'ordre social doit être fondée sur une foi commune qui s'exprime par la sacralisation de l'individu, la consécration et la protection des libertés, de la justice et de l'égalité ; la lutte contre les discriminations, la promotion de la démocratie, de la bonne gouvernance et de l'État de droit. Cette cohérence est le seul système de croyances qui puisse assurer aujourd'hui, l'unité morale et sociale de l'ordre interne au Cameroun et l'harmonisation, à l'échelle internationale, des organisations morales étatiques. Mais pour ce faire, il faudrait que cette unité soit le fruit de la liberté individuelle, c'est-à-dire, d'une libre adhésion des individus ; d'une union sincère des volontés et non le résultat d'une

[76] Cité par WINOCK (Michel), *op. cit.*, p. 49.

imposition de quelque ordre gouvernant que ce soit. La responsabilité des dirigeants et la bonne gouvernance des institutions et des intérêts communs forcent l'adhésion des gouvernés.

La société africaine contrairement à la société occidentale n'a pas tendance à placer l'individu au-dessus de la société. La société africaine, surtout précoloniale, n'est pas favorable à l'enracinement de l'individualisme. Individu et société sont solidement imbriqués. L'individu exprime sa différence, son talent, sa créativité, son génie et donc sa liberté dans une catégorie, dans une caste. L'individu est libre, mais dans un groupe qui a ses codes, ses règles. Cette liberté est aussi discipline et solidarité, lesquels, ici, ne sont que des synonymes : C'est l'unité dans la multiplicité et la diversité dans la singularité.

Si nous sommes donc d'accord que la meilleure protection pour l'individu c'est la société elle-même, cette dernière n'a pas pour objectif de l'étouffer, de l'aliéner ou de l'asservir ; de figer la conscience individuelle dans le tout social, mais de favoriser l'éclosion de sa différence pour enrichir la communauté. Que ce soit dans la société occidentale, dans celle africaine, ou encore moins dans celle-ci.

C'est donc par la protection des droits individuels dans la société africaine actuelle qu'est assurée la survie collective, la préservation sociale ou la sécurité nationale. Que ce soit le système politique, le système juridique, le système économique et de production ou le système social, tout doit être construit autour de l'Homme, l'humain, l'individu, comme valeur suprême et finalité ultime de tout. Aucun intérêt supérieur de l'État ne saurait justifier par exemple la répression dans le sang de manifestants pacifiques, poussés dans la rue par l'inflation des prix des produits sur le marché, la faim et la misère ; ni l'embastillement de journalistes qui réclament la libération de l'un des leurs ou la lumière sur les conditions de la disparition d'un membre de leur corporation ; encore moins l'embrigadement de la démocratie et la confiscation des libertés politiques. Et aucune raison d'État au Cameroun, en ces siècles de libertés, ne saurait prospérer en opposition aux aspirations individuelles.

2. Pour un dépassement de la tribu, du clan et de l'ethnie

> *« Ne nions pas l'appartenance culturelle ethnique. Mais rejetons tout sectarisme exclusiviste »*[77].

L'émergence d'une logique sociale cohérente suggère du même coup le dépassement du ''moi'' pour le ''nous''. Le ''moi'' individuel comme le ''moi'' collectif. La famille, la tribu, le clan et l'ethnie doivent sinon s'effacer, tout au moins être apprivoisé, privatisé et confiné dans leur portion la plus congrue pour céder la place au ''nous'' ; au ''nous'' collectif, fondement de la solidarité et du partage, socle de l'unité, de la cohésion et de la concorde.

Il faut tout de suite préciser que nous n'appelons pas à la mort de la tribu, du clan ou de l'ethnie ; lesquels constituent évidemment des éléments singuliers et fondamentaux de notre complexe culturel. Nous postulons juste que le vivre ensemble impose un dépassement intelligent de ces réalités identitaires.

Ce que l'on peut relever est que l'équilibre régional qui constitue la politique camerounaise de prise en compte de notre diversité, semble être devenu le justificatif de toutes les formes de discriminations et de tous types d'injustices. En effet, on peut par exemple noter pour le regretter que chaque département ministériel, entreprise publique ou parapublique, programme ou projet d'État appartient à l'ethnie de celui qui en préside à ce moment-là aux destinées. Dès lors, ne sont

---

[77] KIRONGOZI (Bob – Limbaya), « Ethnie, transfrontalité et pouvoir en Afrique », *Pouvoir et paix civile en Afrique*, *op. cit.*, p. 202.

généralement recrutés ou promus que ceux qui sont ressortissants de ladite ethnie.

Dans les grandes écoles, à l'exigence parfois des élites et autres ''forces vives'' de la localité d'origine de son directeur, aucun ''enfant du coin'', quelque soit ses aptitudes et son mérite, ne doit être recalé au concours d'entrée.

On note aussi très aisément que chaque journal, ou presque, a son origine ethnique ou tribale.

La religion elle non plus n'échappe pas à l'emprise des ethnies. Les bastions musulmans et ceux chrétiens sont bien connus et délimitables à quelques exceptions près. S'agissant principalement des chrétiens, on connait bien quelles sont les ethnies majoritairement catholiques et celles qui sont protestantes. Plus symptomatique encore, les églises et autres lieux cultuels sont bien catalogués, même en pleine capitale politique, en *''chapelle Bulu''*; *''Église Bamoun''*; *''Paroisse Bassa''* entre autres, et l'on sait d'avance quelle ethnie peut assurer à un moment donné le directoire de telle ou telle entité religieuse. On se souvient à regret des barricades érigées à l'entrée de la ville de Yaoundé par des ''autochtones'', à l'incitation de certaines de leurs élites, au moment où un archevêque ''allogène'', Monseigneur André WOUKING d'illustre mémoire, a été promu à la tête de l'archidiocèse de Yaoundé. Les exemples de ce type sont légion, mais aucune république ne peut se construire de cette façon. À moins d'admettre, comme le soutiennent d'ailleurs certains analystes, que le Cameroun c'est autant de micros nations suivant chacune sa trajectoire, dans une démarche rationnelle et logique, au sein du grand ensemble Cameroun, et en l'absence peut-être même d'intersubjectivité. Ce dont nous doutons au demeurant. Le Cameroun est composé de pas moins de deux cent quatre-vingts (280) groupes ethniques répartis sur l'ensemble de son territoire. La survivance de ceux-ci et leur prise en compte dans la définition de politiques publiques nationales, l'adoption des projets et la prise quotidienne de décisions, ne peut s'opérer de façon efficiente que par la correction de la politique d'équilibre régional en vigueur depuis des décennies. Il est évident que toute politique est fille de son temps. Elle appelle donc à une évaluation et une remise en question permanentes.

Cheik ANTA DIOP comme Frantz FANON ont bien prévu que l'Afrique allait faire face, à un moment donné de son histoire, à une ingénieuse entreprise machiavélique d'exacerbation des passions ethniques. Entreprise montée de toutes pièces par les puissances étrangères et savamment entretenues par les gouvernants africains, les relais locaux de l'impérialisme occidental comme qui dirait. Les pays africains fonctionnant pour la plupart comme des sous-préfectures recevant leurs ordres de la métropole. Cette entreprise diabolique ayant pour but d'assurer le contrôle de la rente par une certaine classe aux ordres, et la mainmise de l'extérieur sur la destinée et les trajectoires du pays.

Mais ce que ces maîtres de la pensée africaine et universelle prédisent aussi, c'est le chaos inéluctable qui s'en suivra parce qu'aucun système, aucun régime, aucun État, aucun pays aussi puissant n'est-il, ne peut résister face à l'exacerbation des passions ethniques. Le cas du Rwanda est malheureusement là pour nous convaincre de la justesse brutale de la prévision et de la sonnette d'alarme tirée plutôt par ces illustres devanciers. Dans ce sens, Lansiné KABA fait remarquer que l' « *idéologie tribale* » peut être comparée à une bombe jetée dans l'arène politique[78]. Pour lui, les émeutes précédant l'éclatement de la guerre du Biafra au Nigeria en 1965, les actions de Jonas SAVIMBI en Angola ou celles du mouvement de l'INKATHA du Chef Zoulou Gatsha BUTHELEZI avant le vote historique de 1994 en

[78] KABA (Lansiné), « Paix et démocratie », *Pouvoir et paix civile en Afrique*, *op. cit.*, p. 137.

Afrique du Sud, montrent bien quelle peut être l'intensité de cette idéologie de destruction[79].

Le Cameroun vit aujourd'hui cette exacerbation des passions ethniques, à côté d'un tribalisme primaire. La seule permanence même du sujet relatif au tribalisme ces cinq dernières années dans les débats sur l'espace public (presse écrite, radio, télé, réseaux sociaux sur Internet, etc.) au Cameroun et dans sa diaspora en donne une parfaite illustration.

S'agissant singulièrement du regain de tribalisme, il convient de préciser d'entrée de jeu que la tribu en elle-même ne pose pas de problème tout comme l'attachement ou l'amour qu'elle peut et doit d'ailleurs susciter en chacun de nous. Ce qui est par ailleurs capital et important d'encourager, car la tribu est un des éléments fondamentaux de nos sous-identités et de notre identité collective.À titre de mise au point sur la question, Lansiné KABA affirme que :

> *« Nul ne doit douter de l'universalité du sentiment clanique et ethnique. Tout citoyen se rattache à une famille et à un groupe ethnique. Le danger éclate quand la concurrence pour le pouvoir et l'avoir transforme ce sentiment naturel en une idéologie d'exclusion et de haine des autres basée sur leur origine »*[80].

Chaque tribu, chaque culture clanique et ethnique au Cameroun, a produit et continue de produire une pensée originale, un mode d'organisation sociale spécifique, une tradition artistique singulière, une expression esthétique propre qui assurément font qu'elles constituent chacune *« un maillon nécessaire de notre complexe culturel collectif »*. Ce sont ces différentes expressions, qui représentent le mieux leur tribalité. Mais cette *''tribalité''* doit bien être distinguée

---

79 *Ibid.*
80 *Ibid.*

du *''tribalisme''*. C'est ainsi que François SENGAT KUO stipule que :

> *« C'est de la tribalité ainsi défini comme quintessence culturelle de la tribu que partira la chaîne en rosace de nos universaux culturels, chaîne dont nous appelons la confection pour le combat national contre le tribalisme. (...).*
>
> *La tribalité est une valeur d'ouverture et de fructueux échanges, le tribalisme une attitude de fermeture et de stérile protectionnisme »*[81].

Lansiné KABA, avec plus d'emphase, considère que le tribalisme est la « *forme rétrograde et virulente du sentiment ethnique »*[82]. Dès lors, le tribalisme, qu'il soit l'œuvre d'un seul ou d'un groupe, constitue un véritable fléau. Pis, s'il est suscité ou encouragé par le système gouvernant par l'entremise de ses élites.

Pour ce qui est finalement de la nécessaire prise en compte de notre diversité ethnique, il faut relever qu'en réalité, toutes les nations du monde imaginent des politiques et stratégies d'intégration nationale. C'est-à-dire de prise en compte de la diversité tant sur les plans culturel et sociologique que politique et économique. Car, la diversité est une donnée permanente et partagée par la plupart des nations du monde. C'est pourquoi, en réponse à ceux qui contestent l'originalité de notre complexe culturel, le Révérend Père MVENG écrit ceci :

> *« On reproche à notre pays de n'avoir ni continuité historique comme l'Angleterre, ni unité raciale comme l'Allemagne, ni unité linguistique comme le Burundi, ni unité artistique comme l'Italie. (...) Ces unités étrangères ne sont qu'apparentes et recouvrent, même aujourd'hui, une étonnante variété qui est le ferment pour le dynamisme culturel de ces pays »*[83].

---

[81] Discours d'ouverture de M. François SENGAT KUO, *op. cit.*, p. 14.
[82] *Op. cit.*
[83] REVEREND PERE MVENG (Engelberg), *op. cit.*

Tous ces pays et bien d'autres ont mis au point des formules politiques idoines à même de favoriser une prise en compte effective et une gestion acceptable de cette diversité. Aux États-Unis, l'*Affirmative action*[84] et le *Black Economic Empowerment*[85] en Afrique du Sud, sont deux exemples de politiques de prise en compte et d'intégration des différentes composantes d'une population, en l'occurrence la composante Noire dans les cadres de socialisation et de représentation dans les sphères de décision.

---

[84] L'*Affirmative action* (en français *discrimination positive*) est une politique mise en place aux États-Unis lors de la lutte pour les droits civiques et l'abolition de la ségrégation raciale. C'est en effet en mars 1961 que le président John F. Kennedy lance ce programme d'*affirmative action* en décrétant l'*ordre exécutif* n° 10925, qui oblige les gestionnaires des programmes financés par le gouvernement fédéral de *« prendre une action affirmative »* (*take affirmative action*) afin de s'assurer que l'emploi ne soit pas soumis aux discriminations raciales. Trois années plus tard, c'est-à-dire en 1964, le *Civil Rights Act* vient consacrer l'interdiction de toutes formes de discrimination aux employeurs et aux établissements scolaires en matière d'embauche ou d'admission basées sur des caractéristiques particulières, tels la race, l'origine nationale, la religion ou le sexe. La discrimination positive, qui va au-delà de l'interdiction de la discrimination, vise également à favoriser, selon diverses modalités, les minorités jugées en position de faiblesse. Depuis le début des années 1980 cependant, de nombreuses voix du monde politique et des OSC s'élèvent pour remettre en question ces programmes de discrimination positive, notamment dans leur application, jugée approximative, relativement par exemple à l'accès aux universités.

[85] Le *Black Economic Empowerment* est une politique de discrimination positive mise en place par le gouvernement sud-africain en 1994, au lendemain de l'apartheid (qui a duré de 1948 à 1991). Elle touche principalement les entreprises minières, financières, ou celles qui sollicitent l'obtention d'un contrat du gouvernement. Ces entreprises doivent démontrer qu'elles recrutent des Noirs dans toutes les strates de l'entreprise, à défaut de leur réserver des quotas précis. Dans cette dynamique, certaines sociétés ont plutôt opté de réaliser des transactions de *capital - action*, invitant par ce procédé des groupes de noirs à acquérir des actions pouvant allers jusqu'à 26 %.

En ce qui concerne singulièrement le Cameroun et sa politique d'*équilibre régional''*, la question qui se pose est celle de savoir comment l'ordre gouvernant peut-il garantir la qualité des politiques publiques et l'efficacité de l'action publique, assurer le mérite, la compétence et la saine émulation, tout en tenant compte de la diversité ethnique du pays.

La première esquisse de solution serait la garantie de l'égalité de chances. Celle-ci ne peut être rendue possible que par une égalité de tous devant la loi et devant le pouvoir. Dans un premier temps, par un égal accès aux structures sociales et aux bienfaits du progrès (écoles, hôpitaux, services de fourniture d'eau et d'électricité, routes, ponts et autres infrastructures). Autrement dit, une égalité de développement. Dans un second temps, à une égalité de chances dans l'accès aux grandes écoles et cadres de formations, aux sphères de décisions et aux fonctions d'autorités. Plus précisément, il s'agit de favoriser l'accès aux différentes magistratures d'influence.

La deuxième esquisse de solution serait une discrimination positive limitée dans le temps, à l'endroit des ethnies ou des localités connaissant des retards certains de développement afin de les ramener au niveau des autres ethnies ou localités, ou à tout le moins à un niveau acceptable. Ce qui constituerait, à juste titre, un nivellement par le haut.

La troisième quant à elle serait le parachèvement de notre processus de décentralisation, avec un transfert effectif des compétences et surtout des moyens aux collectivités territoriales décentralisées. Ceci, afin que chaque localité soit maîtresse de son destin, certes, sous l'autorité et la tutelle de l'État régulateur, égalisateur, redistributeur et arbitre.

La dernière, celle que nous ne recommanderons certainement pas[86], mais que nous nous devons tout de même d'exposer par honnêteté intellectuelle serait la révision et la normalisation juridique de la politique d'équilibre régional, par un texte de loi discuté et adopté par le parlement. Cette normalisation permettrait que chaque région, chaque département, chaque communauté ou ethnie soit informé officiellement, de ce qui lui revient dans chaque concours administratif ou dans chaque acte de nomination, dès lors que l'on a opté de tordre le cou à la compétition à la régulière, à la saine émulation, au mérite et à l'excellence, pour faire du Cameroun un immense gâteau à partager.

Les rapports d'attraction ou de répulsion, d'alliance ou d'hostilité peuvent exister aussi bien à l'intérieur d'une entité politique ou d'une entité ethnique, qu'entre des entités politiques ou entités ethniques différentes, comme nous le rappelle Marcien TOWA, parce ce que la vie culturelle intègre substantiellement la subjectivité des individus et des collectivités[87]. Bob – Limbaya KIRONGOZI reconnait malheureusement que dans l'espace politique,

> *« [Beaucoup] utilisent l'ethnie comme épouvantail pour attirer l'attention sur la menace de désintégration de l'unité nationale représentée par tel leader ou formation politique accusée à tort ou à raison d'ethnisme, de tribalisme ou de régionalisme »*[88].

Manuel JORGE partage cet avis, car d'après lui, « *si l'on part du postulat que toute lutte politique est une lutte pour le pouvoir politique, il n'est pas difficile de comprendre que les*

---

[86] Nous sommes contre la politique d'équilibre régional telle qu'elle est pensée structurée et surtout implémentée aujourd'hui.

[87] TOWA (Marcien), « Le concept d'identité culturelle », *L'identité culturelle camerounaise, op. cit.*, p. 29.

[88] KIRONGOZI (Bob – Limbaya), « Ethnie, transfrontalité et pouvoir en Afrique », *Pouvoir et paix civile en Afrique, op. cit.*, p. 194.

ethnies sont souvent manipulées pour servir des objectifs politiques et des ambitions personnelles »[89].

Ce qui est donc en cause, ce n'est pas les ethnies en tant que telles. C'est, d'une part, la maturité politique, le degré de patriotisme et le niveau de responsabilisation des acteurs politiques ; d'autre part, la qualité de l'organisation juridique et politico-administrative de l'État.

Cependant, il est important de dire que notre diversité constitue un atout et qu'elle peut devenir une force. Notre configuration ethnosociologique milite, cela va de soi, pour une identité culturelle finalement éclectique[90]. Cet éclectisme culturel intelligemment managé par l'ordre gouvernant permettra la construction ou la reconstruction de notre complexe culturel collectif sans lesquelles il ne peut y avoir de vivre ensemble dans le respect de la différence et l'éloge de la diversité.

Sans toutefois préconiser une solution nouvelle, il faut dire pour sortir de ce sujet que le Cameroun, fort de sa riche diversité ethnique, devrait constituer un modèle intéressant de fédération culturelle harmonieuse. L'une des pistes de réflexion les plus pertinentes nous semble être ce que KIRONGOZI qualifie de « *processus de reconnaissance de l'ethnie* »[91] en tant qu'espace identitaire symbolique et réel par excellence[92], et de ''*républicanisation du pouvoir traditionnel*''[93]. L'exemple sud-africain avec les Zoulous constitue un exemple intéressant.

Prêtons opportunément le mot de fin à Mwayila TSHIYEMBE qui estime, dans une perspective ethnocratique

---

[89] JORGE (Manuel), *op. cit.*, pp. 35 – 36.
[90] Discours d'ouverture de M. François SENGAT KUO, *op. cit.*
[91] *Op cit.*, p. 202.
[92] *Ibid.*, p. 190.
[93] *Ibid.*, p. 202.

moins ambitieuse certainement que celle de Paul ABOUNA[94], que :

> *« La paix civile ne peut être restaurée en Afrique noire que si l'ensemble du corps social dans sa bigarrure c'est-à-dire les citoyens et les nations africaines authentiques que sont les ethnies est les piliers du pouvoir politique et du projet de société démocratique auquel celui-ci est assujetti »*[95].

Il conclut dans la même veine en postulant que :

> *« Seule pareille perspective est susceptible de mettre fin à la stratégie d'errance. Et pour y parvenir, les Africains doivent oser reconquérir leur initiative historique en réinventant de fond en comble le modèle plural de démocratie, d'État multinational et de société civile jadis construit par les sociétés africaines précoloniales »*[96].

---

[94] ABOUNA (Paul), *Le pouvoir de l'Ethnie. Introduction à l'ethnocratie*, L'Harmattan Cameroun, 2011, p. 10. La posture et la contribution fort intéressante de l'auteur peuvent être résumées dans ces lignes de son préfacier, MBONJI Edjenguèlè : *« tournant le dos au confort douillet de la bien-pensance politologique, Le pouvoir de l'ethnie de Paul ABOUNA apporte une réponse habillée de prudence et d'humilité à ce questionnement [Quel Cameroun voulons – nous pour nos enfants ?] en proposant une esquisse d'articulation du local et global dans le champ de pouvoir politique, sous forme de présence de représentants élus de l'ethnie aux cotés des autres acteurs politiques institutionnels »*.

[95] TSHIYEMBE (Mwayila), *op. cit.*, p. 12.

[96] *Ibid.*

DEUXIÈME PARTIE

LE DÉFI ÉDUCATIF

L'école peut être perçue comme toute institution dans laquelle est dispensé un enseignement collectif. Dans ce sens, on parle par exemple d'école publique, d'école privée, d'école laïque, d'école d'État et de l'école de la République.

Dans les sciences de l'éducation, l'école s'entend comme tout établissement où l'on dispense un enseignement général sans spécialisation (école maternelle, enfantine, primaire, etc.). C'est donc un établissement où l'on enseigne aux enfants, les premiers éléments de l'instruction. Cependant, cette notion recouvre aussi le sens des établissements dans lesquels sont enseignées des matières particulières (conservatoire, académie, école de guerre, séminaire, etc.), comme celui des écoles de l'enseignement supérieur classique et de l'enseignement supérieur technique (école normale supérieure, école polytechnique, école des mines, école d'administration et de magistrature, etc.).

Nous envisageons donc cette notion ici de façon englobante. Nous entendrons par école à la fois le maternel, le primaire, le secondaire et l'universitaire ; l'enseignement général comme l'enseignement privé, confessionnel et non confessionnel ; les écoles spécialisées et les grandes écoles.

Cette précision ayant été faite, il nous sied, d'entrée de jeu, pour rentrer pleinement dans le sujet, de constater pour le déplorer que le système éducatif camerounais ressemble à un bonhomme désarticulé et que l'institution scolaire semble être le parent pauvre des politiques publiques de ce pays depuis de nombreuses décennies.

La période coloniale durant laquelle le pays n'avait aucune emprise sur son système éducatif a cédé la place à une première administration ''indépendante'', formée à la reproduction, et qui n'a pas su affranchir l'institution, lui donner un contenu pertinent et une configuration en phase avec son environnement d'ancrage, son niveau de développement et ses ambitions naissantes de modernité. D'ailleurs, ni les changements successifs de gouvernements, et Dieu seul sait qu'il y en a eu, ni le changement des dirigeants à la tête de l'État, ni la vague libérale de la fin des années 80 et le vent de démocratisation subséquent, ni les reformes inabouties et des états généraux tronqués, ni les mutations de l'économie internationale inaugurant une véritable ''économie de la connaissance'', ne vont parvenir à y changer grand-chose. Le constat reste le même : absence d'une vision de la place et du rôle de l'école dans la société et dans sa dynamique d'émergence ; inadéquation entre la formation et l'emploi ; privatisation de l'école et désengagement progressif de l'État ; marchandisation de l'éducation ; absence d'une politique nationale du livre ; déficit d'évaluation, de contrôles et de réformes ; chute vertigineuse de la qualité des contenus éducatifs ; etc. Les conséquences *extra murros* on les connaît : importation de la main-d'œuvre, de l'expertise et des savoir-faire ; inflation du chômage des diplômés et explosion du sous-emploi ; montée de la grande criminalité, de la délinquance et de la prostitution ; aggravation des discriminations sociales.

Le Cameroun a mal à son école ! Pas grand monde ne semble vouloir courir à son chevet. Cette école dépersonnalisée qui forme pour le chômage ; cette école inefficace et inefficiente, fruit d'un violent choc de cultures est devenue elle-même productrice de conflits. L'ambition de nos jours doit être de l'affranchir afin qu'elle devienne une école de développement en phase avec nos réalités (Chapitre III), garante non seulement de la préservation de l'ordre social, mais aussi de la perpétuation de notre société par la production des citoyens exemplaires, acteurs du changement. C'est à ces prix-là seulement que l'école camerounaise deviendra une école de développement (Chapitre IV), apte à porter l'émergence puis le développement du Cameroun.

CHAPITRE III

DE LA DÉPERSONNALISATION À L'AFFRANCHISSEMENT DE L'ÉCOLE DE LA RÉPUBLIQUE

> « L'Afrique [doit] reprendre l'initiative et se (ré)approprier le droit de penser »[97].

Entendue comme tout cadre propre à former et à instruire l'individu, l'école est une réalité en Afrique et au Cameroun bien avant l'arrivée des premiers Occidentaux. En effet, si la première institution scolaire de type occidental[98] voit le jour vers la moitié du XVIIIe siècle, des cadres de formation et de transmission de connaissances et de valeurs existaient déjà dans les sociétés traditionnelles africaines, au sein de la cellule familiale, des classes et des castes dans lesquels l'initiation jouait un rôle fondamental.

En réalité, les missionnaires sont les pionniers de l'institution scolaire occidentale au Cameroun. Le premier d'entre eux, Joseph MERRICK, fils d'un esclave noir affranchi d'origine jamaïcaine et missionnaire de la *Baptist Missionary Society*, débarque sur l'Ile de Fernando Poo en 1843 et fonde la première école dans la région de Bimbia dans le Sud-Ouest. Le second et le plus célèbre, un an plus

---

[97] PONDI (Jean-Emmanuel), (dir.), *Immigration et diaspora. Un regard africain*, op. cit., p. 12.

[98] L'école perçue cette fois-là comme tout établissement – institution – dans lequel est dispensé un enseignement collectif, général et sans spécialisation.

tard, Alfred SAKER, crée la deuxième école en 1844. Pourtant, que ce soit dans l'Égypte pharaonique ou dans les grands empires ouest-africains, l'école existait déjà. Ce n'est donc que l'école de type occidental que l'Afrique découvre à la fin du XVIIIe siècle et au début du XIXe. Il s'agit de l'école telle qu'elle existe aujourd'hui sur le continent, du moins dans son modèle dominant qui est d'ailleurs le plus répandu, celui qui a connu son institutionnalisation, sa structuration et sa substantialisation avec, dans un premier temps l'œuvre missionnaire, et dans un second temps l'entreprise coloniale.

Si donc l'entreprise coloniale était, entre autres, une entreprise d'asservissement, d'aliénation, de dépersonnalisation et d'assimilation, en ce qu'elle poursuivait ou du moins a abouti à la déstructuration progressive, mais peut-être irréversible du dépôt civilisationnel originel, à la fois des individus et de tout l'ordre social existant, l'institution scolaire donc, son arme la plus douce, mais aussi la plus redoutable, ne pouvait que porter et véhiculer l'ADN de cette philosophie d'aliénation et de dépersonnalisation. C' est pourquoi l'école a donc été un instrument et un cadre d'aliénation qui a rencontré de fortes résistances ; autrement dit, une source de conflits (I). Il devient impératif de sortir de cette situation pour construire une école véritablement camerounaise (II), si tant est que notre développement passe par la déconstruction des prismes, paradigmes et carcans de l'aliénation occidentale.

I- L'école comme résultante du conflit

> *« Il y a eu effectivement un moment tragique de rupture d'avec notre fondement culturel naturel, rupture qui s'est déroulée en même temps que l'imposition par l'extérieur de schèmes culturels et civilisationnels allogènes dans nos sociétés »*[99].

[99] *Actes du Colloque, op. cit.*, p. 20.

Trois grands paradigmes sont révélés par la sociologie de l'éducation, comme nous le rappelle fort à propos André MVESSO :

- *le paradigme fonctionnaliste d'Émile DURKHEIM et TALCOTT PARSONS* qui s'attache à relever les fonctions intégratives de la société au travers de l'école ;
- *le paradigme conflictualiste de BAUDELOT, ESTABLET et BOURDIEU* selon lequel l'école serait une structure et un cadre de reproduction de la domination et de la lutte des classes ;
- et *le paradigme de la socialisation scolaire* qui relève la multifonctionnalité de l'institution scolaire[100].

De ces trois paradigmes structurants certes explicatifs, de l'analyse sur l'école au Cameroun, de son institutionnalisation à nos jours, c'est le paradigme conflictualiste, qui a fondamentalement retenu notre attention. Les deux autres paradigmes, bien que minorés, n'ont cependant pas été ignorés.

Ce conflit de civilisations, suscité par la colonisation et l'impérialisme, écho lointain, mais certain d'un choc huntingtonien des civilisations, a structuré à la fois l'ossature et la substance de l'école au Cameroun. Dans cette perspective, l'école s'avère être à la fois résultante et productrice du conflit.

L'école au Cameroun est d'abord la résultante d'un conflit. Un conflit de culture, d'un affrontement entre des façons d'être et de faire, de penser et de se projeter ; d'un

---

[100] MVESSO (André), *L'école malgré tout. Les conditions d'une contribution de l'école à l'essor africain*, Presses Universitaires de Yaoundé, 1998.

choc entre la civilisation africaine et celle euro occidentale. Marcien TOWA nous conforte lorsqu'il admet que :

> *« Les rapports entre les cultures peuvent être des rapports de compétition, voire des rapports d'affrontement, en sorte que la vie culturelle concrète, du point de vue vivant, du point de vue subjectif, implique, nécessité des choix, des prises de position »*[101].

Cette école, rouage essentiel de l'entreprise coloniale et impérialiste, va, dans son imposition et son institutionnalisation, déstructurer les cultures africaines, portée par l'ethnocentrisme europécentriste, scellant la remise en cause fondamentale de celles-ci. L'institution scolaire a donc été un levier important de ce projet de domination (A) dont les étapes peuvent être aisément relevées (B).

A. L'école : rouage essentiel du projet de domination

L'école appartient au domaine du culturel et ce terrain est par essence conflictuel, car il oppose divers modèles de vivre, de se projeter, de penser, de transmettre, etc. Marcien TOWA le souligne fort justement lorsqu'il affirme que l'univers du culturel est un univers de la diversité :

> *« Diversité des intérêts matériels, des goûts, des croyances, des opinions (...), des niveaux de vie, des niveaux de savoir, de savoir-faire, des habitudes, des mœurs, etc. L'univers culturel c'est l'univers de la diversité et ces diversités peuvent aboutir à des conflits, à des oppositions, notamment au niveau des activités matérielles de survie »*[102].

Dès lors que l'univers culturel est postulé et posé comme univers de la diversité, autrui doit être perçu et accepté comme étant autre parce qu'il est autre. Cette posture suggère du partage ou à tout le moins la tolérance de la différence. Malheureusement, pour le colonisateur fraîchement débarqué

---

[101] TOWA (Marcien), « Le concept d'identité culturelle », *L'identité culturelle camerounaise*, *op. cit.*, p. 29.
[102] *Ibid.*, p. 28.

sur le sol africain, il n'y a qu'une seule civilisation, la sienne, et en face, des peuples primitifs à ''civiliser'' à tout prix ; à domestiquer, à sortir de la ''barbarie'' et à sauver malgré eux de la perdition. C'est à ce titre que Jules FERRY a pu affirmer que « *les races supérieures ont le devoir de civiliser les races inférieures* »[103].

Dans le même ordre d'idées, justifiant l'esclavage et la colonisation, Ibn KHALDUN affirme que « *les seuls peuples à accepter l'esclavage sont les Nègres, en raison d'un degré inférieur d'humanité, leur place étant plus proche du stade animal* »[104].

Cette thèse est bien reprise par COUPLAND lorsqu'il écrit dans son Histoire de l'Afrique orientale :

> « *On peut dire que l'Afrique proprement dite n'avait pas eu d'histoire. La majorité de ses habitants étaient restés, durant ces temps immémoriaux plongés dans la barbarie. Tel avait été, semble-t-il, le décret de la nature.*
>
> *Ils demeuraient stagnants sans avancer ni reculer* »[105].

L'occident aurait donc une mission *salvatrice* quasi *messianique* à l'endroit des Africains restés au banc de l'histoire. Dans son projet global de domestication, l'école a la mission fondamentale de favoriser et de permettre l'assimilation par les primitifs des vertus et des valeurs de *la civilisation.* Il y a donc dans cette entreprise, une lente, mais sûre dépersonnalisation des apprenants, à qui il est inculqué l'idée de l'inhumanité et de l'irrationalité de leurs coutumes et de leurs traditions, de la bêtise de leurs croyances et de leurs espérances ainsi que de l'inacceptabilité par le monde

---

[103] Jules FERRY cité par THIOLAY (Boris), « L'amer destin du clown chocolat. L'historien NOIRIEL rappelle les préjugés qui firent la célébrité de ce comique souffre-douleur », *L'Express*, 14/05/2009, p. 60.

[104] KHALDUN (Ibn) cité par NDIAYE (Tidiane), *Le génocide voilé*, Paris, 2008, p. 157.

[105] COUPLAND cité par TJADE EONE (Michel), op. cit., p. 31.

‘‘civilisé’’, de leurs modes de transmission ou de perpétuation de leur ordre social.

C’est la raison pour laquelle, sans tenir compte des réalités locales, de l’environnement d’institutionnalisation de l’école, ses promoteurs la structurent autour de la constitution d’une élite auxiliaire destinée à perpétuer, à son tour, la domination étrangère. Il lui est enseigné que la civilisation est occidentale et blanche. C’est à cette civilisation que l’on doit l’horloge, la poudre à canon et le moteur à quatre temps ; et surtout le code écrit (l’écriture), la plus importante de toutes les inventions humaines. C’est à cette civilisation que l’on doit aussi les sciences : la philosophie, l’astronomie, l’astrologie, les mathématiques, la mécanique, la médecine, entre autres. Toutes choses qui ne sont pas du tout vraies, car la civilisation et la domination égyptienne sur le monde sont plus anciennes. De même, toutes ces sciences ont été pratiquées et enseignées en Égypte et dans certains empires ouest-africains comme les Dogons, bien avant les récupérations occidentales.

Il est enseigné à ces suppôts et valets locaux de l’impérialisme occidental que c’est cette civilisation étrangère qui humanise et universalise. C’est elle qui doit être transmise sur toute l’étendue du globe pour la survie de l’espèce humaine. Pourquoi serait-il donc surprenant que bon nombre de ces auxiliaires aient obtenu le statut d’administrateurs de colonies ?

Cette école qui va perdurer jusqu’aux indépendances des pays africains et qui malheureusement, faute de réformes adaptées aux spécificités du continent noir, aux rêves, projets et projections des peuples d’Afrique, continue d’exister encore aujourd’hui. Une école de la domination, donc de l’affrontement, du conflit entre les civilisations. Une école qui a bravé les pseudos réformes et autres ridicules états généraux de l’éducation comme au Cameroun, pour perpétuer la distanciation dominants / dominés entre autres, soit au travers du clivage enseignements publics / enseignement privé laïc ou confessionnel, ou de celui enseignement général / enseignement technique ; ou encore des écoles de formations entre celles des magistratures d'autorité, de direction et de commandement et celles préparant à remplir les offices d'exécution.

B. Les étapes du conflit

> *« Les cultures se présentent comme des systèmes, des systèmes globaux, et il arrive assez souvent que ces systèmes culturels deviennent contempteurs et destructeurs des autres cultures (...). Lorsqu'un système culturel absolutisé se heurte à une autre culture, on aboutit à des conflits de cultures »*[106].

On peut dénombrer au moins quatre étapes ou moments de ce conflit de civilisations. Ces moments se sont naturellement manifestés tour à tour sur l'institution scolaire.

Le *premier moment* va de la fondation de la première école à la période coloniale. C'est l'étape de la fondation de l'école et du début du conflit entre les civilisations en présence. Moment fondateur s'il en fut, où allant jusqu'au bâton, la civilisation du *maître* va être imposée, inculquée aux indigènes, malgré le plus souvent la résistance de ces derniers. À cette étape, le conflit est le plus violent, du moins de façon visible, et personne n'y échappe. Du fils du chef indigène à celui de son serviteur, quel que soient leurs conditions sociales, au-delà des discriminations mineures ici et là[107], tout le monde est enrôlé dans cette immense machine de remodélisation.

---

[106] TOWA (Marcien), « Le concept d'identité culturelle », *L'identité culturelle camerounaise*, *op. cit.*, p. 29.

[107] Par exemple dans le grand Nord, précisément à Garoua, où il est institué l''École des fils de chefs'' pour éviter que ces derniers ne s'assaillent sur les mêmes bancs que leurs serviteurs comme le prohibe la règle coutumière.

Le *deuxième moment* est celui des indépendances et coïncide avec ce qu'il nous sied de qualifier de *deuxième mondialisation*[108], c'est-à-dire la décennie 60 avec l'envol du phénomène d'institutionnalisation des relations internationales. Ce moment est supposé marquer l'avènement et l'accès à la pleine souveraineté internationale des pays nouvellement décolonisés. Bien que le Cameroun n'ait jamais été à proprement parler une colonie, son indépendance marque pour lui, somme toute, une certaine autonomie, et donc la liberté d'affranchir son système éducatif et de l'arrimer à ses besoins, à ses ambitions et à ses projets de développement. Malheureusement, l'institution scolaire, comme le système institutionnel tout entier, n'arrive pas à se libérer du joug étranger et reste irréversiblement celle pensée plus tôt par la métropole, dans la configuration quasi exacte laissée par les tuteurs franco-britanniques. Ici, le conflit est larvé, du fait de la docilité des nouveaux responsables du pays, les indépendantistes de l'Union des Populations du Cameroun (UPC) ayant définitivement mordu la poussière soulevée par les sabots de l'équipée de l'armée française, et avec eux, leur projet d'une école camerounaise libre et authentique de notre culture et de notre identité.

Le *troisième moment* est celui de la *troisième mondialisation*, c'est-à-dire la décennie 90, qui va apporter un souffle nouveau au libéralisme. Ce libéralisme dont l'une des manifestations les plus remarquables est le puissant vent de démocratisation qui balaie le monde entier. Ce libéralisme ne concerne pas seulement le champ politique. Il va toucher tous les secteurs de la vie nationale. Le secteur éducatif n'est donc naturellement pas épargné par ce vent de libéralisation, porté entre autres, par :

[108] La première mondialisation étant située à la fin du 19e siècle avec l'avènement des premières organisations internationales.

- Le Pacte international relatif aux droits économiques, sociaux et culturels adopté plus de deux décennies plus tôt, le 16 décembre 1966 et entré en vigueur le 03 janvier 1976, et dont les articles 13 et 15 consacrent un droit à l'éducation, à la culture et aux bienfaits du progrès scientifique, et dont la vulgarisation atteint son point culminant à la fin des années 80.
- La Déclaration et le programme d'action de la Conférence mondiale de Vienne sur les droits de l'homme de juin 1993.
- L'action de l'Organisation des Nations Unies pour l'Éducation, la Science et la Culture (UNESCO) qui relève que le nombre d'enfants inscrits à cette époque dans les écoles de par le monde a atteint le chiffre de 599 millions et que la libéralisation du secteur s'impose. Cette libéralisation, combinée aux affres de la crise économique de la fin des années 80 va favoriser la *privatisation* progressive de l'école déjà bien sous-financée, sous le regard convenu de l'assistance technique française qui vante sur haut-parleurs, d'une part, les lumières et les vertus du consensus de Washington, et d'autre part, l'importance pour le gouvernement camerounais, aux fins de redresser ses comptes et finances publiques, de diminuer son train de vie, de limiter ses financements en direction du secteur éducatif, entre autres.

Le *quatrième moment* est celui de la *quatrième mondialisation* ou de ce qu'il convient aujourd'hui de qualifier d'*économie de la connaissance* dont l'essor fulgurant remonte aux années 2000. Cette nouvelle économie, après celle de la découverte des mondes ou des continents, celle de la course aux matières premières, celle de l'industrialisation et des grandes découvertes scientifiques et techniques, et enfin celle des services, connaît son ancrage maintenant dans la compétition inter nations au cœur même du champ de la connaissance et des savoirs. Cette nouvelle économie qui anticipe la fin du pétrole et des autres énergies fossiles, socle essentiel de l'ancienne économie, magnifie le brevet et sacralise le génie. Dans ce monde nouveau, il est évident que l'école tient une place de choix. C'est l'époque des grandes réformes. Et pourtant, les vestiges, les reflets et les empreintes de l'école coloniale demeurent.

Au niveau mondial pourtant, l'UNESCO dans son ambition de favoriser et d'accompagner les pays membres pour une éducation de qualité accessible à tous fait adopter un *Cadre d'Action* en 2000 à la faveur du *Forum mondial sur l'éducation* tenue à Dakar au Sénégal. Ambition confirmée par les Chefs d'État dans leur *Déclaration du Millénaire* en septembre 2000.

En Europe, après la *Déclaration de la Sorbonne* en 1998 et celle de *Bologne* en 1999, les pays membres de l'Union intègrent que la construction européenne nécessite, dans le volet éducatif, au-delà de la libre circulation des apprenants (à travers des programmes comme *Erasmus*), une véritable harmonisation des systèmes éducatifs, en l'occurrence les systèmes d'enseignement supérieur. Ce processus lancé à Bologne va aboutir à l'adoption du système Licence, Master et Doctorat (LMD), comme mode de structuration, d'organisation du système et du régime d'enseignement supérieur en Europe[109]. Chaque pays de l'Union se lance dans

[109] Ce processus de constitution d'un espace européen intégré d'enseignement supérieur compte 47 États engagés, c'est-à-dire l'ensemble des pays du continent européen, y compris la Russie, et la Turquie, à l'exception de la Biélorussie, de Monaco, de Saint-Marin, et du Kosovo. Parmi ses plus importantes étapes, on peut retenir : la *conférence ministérielle de Bologne de 1999* ; la *conférence ministérielle de Prague de 2001* ; la *conférence ministérielle de Berlin de 2003* ; la *conférence ministérielle de Bergen de 2005* ; la *conférence ministérielle de Londres de 2007* ; la *conférence ministérielle de Louvain/Louvain-la-Neuve de*

d'importantes réformes internes pour ne pas rater le virage, boostés qu'ils sont par le recul et même le décrochage des universités européennes dans les différents classements mondiaux des meilleures universités (exemple du classement de Shanghai), réservant la part belle aux universités anglo-saxonnes, principalement américaines et britanniques, et de plus en plus celles des pays émergents.

En Afrique, au-delà des proclamations des Chefs d'État à la faveur des sommets, le paysage éducatif reste contrasté, entre les pays anglophones présentant plus de similitudes, de cohérence et de convergence, et les pays francophones et lusophones, plongés dans leurs éternels contradictions et bégaiements.

Au Cameroun, singulièrement au niveau primaire et secondaire, les états généraux de l'éducation tenus du 22 au 27 mai 1995 n'ont pas connu l'exécution de la grande majorité de leurs résolutions, principalement celles portant sur la restructuration des enseignements secondaires général et technique. Au niveau supérieur, le Conseil National de l'Enseignement supérieur et de la Recherche scientifique, cadre par excellence d'orientation et de définition de la politique nationale d'enseignement supérieur, de recherche scientifique et d'innovation, n'a plus siégé depuis 1982. Qui plus est, ni les décrets de 1993, d'ailleurs signés en violation de l'article 26 de la Constitution de 1972, et celui de 2005 modifiant et complétant le précédent, tout aussi inconstitutionnel à la lecture de l'article 26 alinéa f de la Constitution de 1996[110], n'ont changé grand-chose, outre la reconfiguration de la carte universitaire nationale du fait de la

---

2009 ; la *Conférence anniversaire de Budapest et Vienne de 2010* et la *Conférence ministérielle de Bucarest de 2012*. Cette dernière constitue donc la 8e conférence ministérielle et le 3e forum politique du processus de Bologne qui s'est tenu les 26 et 27 avril 2012 à Bucarest en Roumanie.

[110] Sont du domaine de la loi, entre autres, le régime de l'éducation.

création de nouvelles universités d'État et de dizaines d'institutions privées d'enseignement supérieur ; la création de nouvelles filières académiques, professionnelles et professionnalisantes ; les efforts de rationalisation de la gestion de l'institution universitaire. Les problèmes principaux demeurent donc : sous financement de l'enseignement supérieur, inadéquation formation / emploi, inefficacité et inefficience du système, faible compétitivité des universités, inadéquation et parfois absence de plateaux techniques et technologiques, absence ou inadaptation des procédures académiques et managériales, entre autres.

II- L'école comme productrice du conflit

> « Ces modèles, nous les avons intériorisés, parce qu'ils nous ont été enseignés à l'école, et nous continuons de les enseigner encore aujourd'hui à nos enfants »[111].

Une école inadaptée est productrice de conflits. L'école en Afrique en général et au Cameroun en particulier est inadaptée. Bien au-delà du fameux malaise que Cheik HAMIDOU KANE décrit dans *L'aventure ambigüe*, telle qu'elle existe aujourd'hui, cette école est inadaptée à notre environnement, inadaptée à nos cultures et à nos croyances qu'elle bouscule et remet en cause ; surtout inadaptée à nos besoins, à nos ambitions et à nos projets d'émergence. En réalité, ayant été la résultante d'un choc de cultures et ayant été un instrument d'asservissement et d'aliénation, de dépersonnalisation et d'assimilation, en ce qu'elle a déstructuré une partie de l'environnement culturel préexistant, cette école devrait disparaître. C'est-à-dire être réinventée et repensée pour coller à nos réalités. Malheureusement, cette école-là perdure et semble s'éterniser, tout comme les tares qu'elle porte : reproduction

[111] *Actes du Colloque, op. cit.*, p. 20.

d'une société de la domination (A) et quasi-inefficience de son système du fait de cette inadaptation (B).

A. La reproduction de la domination

La domination est source de conflit. C'est l'évidence même ! Dans cette perspective dominant / dominé où l'école est à la fois prétexte, arme, vecteur et socle de ladite domination, sa représentation dans l'imaginaire collectif n'est pas positive. En réalité, ce ne sont pas seulement les traditionalistes qui la voient d'un très mauvais œil. C'est le maître de l'école coranique et le marabout du village d'un côté ; c'est le sage griot de la forêt ou de la savane ; c'est le sociologue de l'éducation et autres experts qui essayent d'appréhender sa place et ses interactions avec la société et son développement, de l'autre.

De plus, la situation prend un peu plus de relief si l'on tient compte de ce que la société est par essence conflictuelle, parce que l'identité de l'individu – ipséité et altérité – suggère sa différence. Différence d'être, de penser, de faire, de se projeter. Cette différence plurielle et féconde entraîne des divergences de vues, des oppositions et parfois des affrontements qui appellent à un arbitrage qui garantisse le maintien des grands équilibres sans lesquels s'effondre tout l'ordre social. Cet ordre social ne peut exister que parce qu'il y a un contrat social de vivre ensemble, lui-même fruit de la volonté générale, destiné à éviter que l'homme ne devienne un loup pour son prochain. Ce conflit est ambiant, divers, permanent, parfois ouvert et visible, généralement larvé et diffus. Ce conflit n'épargne aucune sphère de la société et surtout pas l'école, institution au cœur de la société où se joue une part décisive de notre devenir commun ou de notre tragédie collective. Un cadre privilégié de rencontres parce que constituant le lien par excellence de formation, d'inculcation, de modélisation des esprits et de construction des volontés, de maillage des intelligences et d'opposition des fortunes, des extractions sociales et des destinées. Dans cette arène où le paradigme conflictualiste de BAUDELOT, ESTABLET et BOURDIEU s'émancipe visiblement avec aise, l'école est le lieu quasi dédié de reproduction de la domination et de la lutte des classes. Dans cette logique, Pierre BOURDIEU considère que le succès scolaire est la consécration d'une classe sociale privilégiée[112].

Le *modus operandi* de la reproduction de cette domination est plutôt simple. Concrètement, la première élite camerounaise moulée dans ce cadre aliénant qui aujourd'hui chante les vertus de l'assimilation et du bâton, travaille à son tour à perpétuer ce système. Cette perpétuation est la seule garantie de la conservation et de la préservation de ses avantages, de ses poches de rentes et de ses positions politiques, économiques et sociales jusqu'à sa propre sortie du système, du fait de la fin naturelle ou accidentelle de ses activités.

Ces administrateurs de colonies en mission auprès de leurs propres peuples n'ont jamais réussi à s'émanciper de la domination et du contrôle de leurs maîtres. Le pouvaient-ils seulement ? Le peuvent-ils même aujourd'hui ? Le veulent-ils d'ailleurs ? Autant de questions qui restent posées.

Au demeurant, ce que l'on note c'est que l'école devient une religion dans cette configuration, un dogme finalement, et sa réforme un véritable tabou. Les enfants de bonne fortune ont leurs écoles, leurs parcours, leurs ouvertures et leurs débouchés. Pour les enfants de modeste extraction, l'école de la République ne garantit rien du tout ! Cette école qui reproduit le vice est le creuset de grandes tensions sociales et d'importantes frustrations qui difficilement cicatrisent. Ces tensions fracturent la société en castes rivales où les unes

---

[112] BOURDIEU (Pierre), *La Noblesse d'État*. Grandes écoles et esprit de corps, Paris, Éditions de Minuit, 1989.

tentent de préserver leurs positions de dominations chèrement acquises et les autres à prendre leur revanche et sortir de l'infortune.

B. L'inefficience de l'institution

> « L'école institue un mécanisme invisible de sélection sociale »[113].

Il convient de rappeler que l'école camerounaise se structure en deux secteurs clés : le secteur formel et le secteur informel. Le secteur éducatif formel est réglementé par l'État, à travers des textes législatifs et réglementaires qui organisent le système éducatif. À la lumière des textes et des politiques publiques, ce secteur s'articule autour des axes prioritaires qui visent entre autres : à instituer une réforme éducative et la rendre effective pour tous les types et niveaux d'enseignement ; à améliorer et renforcer les infrastructures existantes en personnel qualifié et en équipements didactiques appropriés ;à former les enseignants à tous les niveaux en exploitant les possibilités non conventionnelles de formation ;à prendre des mesures pour soutenir la création d'un fonds national de l'éducation et d'utilisation ainsi que le réajustement de la taxe d'apprentissage dans l'enseignement professionnel ;à revaloriser la fonction enseignante sous l'angle matériel ;à engager, aussi bien au niveau structurel que fonctionnel, une réforme de l'enseignement supérieur.

On peut, sans aucun effort, se rendre compte de l'écart innommable qui existe entre les politiques publiques de l'État devant réaliser ces priorités sus-évoquées et la réalité actuelle du système éducatif camerounais. Rien n'a vraiment bougé, près de deux décennies après ! C'est la raison pour laquelle cela s'apparenterait à une auto flagellation, d'évaluer le

---

113 BOURDIEU (Pierre), PASSERON (Jean-Claude), *La reproduction.* Eléments pour une théorie du système d'enseignement, Paris, Editions de Minuit, 1970.

niveau de mise en œuvre des résolutions des états généraux de l'éducation, tenus du 22 au 27 mai 1995, ou encore d'évaluer la mise en œuvre des textes sus-évoqués, en l'occurrence la loi de 1998 portant orientation de l'éducation et fixant le cadre juridique général de l'éducation au Cameroun. L'objectif ici est simplement d'interroger *in fine*, à l'aune de l'efficience et de la conflictualité, les résultats ultimes obtenus par ce système éducatif.

Pour le dire simplement, l'inefficience est l'état d'un être, d'une chose, d'un service ou d'un système qui ne produit pas de bons résultats ou qui ne remplit pas de manière optimale sa mission, ce pour quoi il ou elle a été créé, conçu, initié. Dans ce sens, l'institution scolaire au Cameroun manque d'efficience et en cela, elle est aussi source et productrice de conflit. L'école produit du conflit lorsque sa mission d'enseignement et de formation, la plus importante d'entre toutes, n'aboutit pas à la constitution d'individus aptes à intégrer, à restituer, à adapter et à transformer ce qu'ils reçoivent d'elle. L'école produit aussi du conflit lorsqu'elle n'arrive pas à former des citoyens modèles, c'est-à-dire des hommes et des femmes respectueux de la norme sociale et engagés totalement à sa préservation, à sa perpétuation, tout en conservant bien entendu le sens critique et le magistère de la contradiction sans lesquels l'école perdrait son essence vitale et le vivre ensemble, l'un de ses plus importants aboutissements.

Reconnaissons-le, le conflit s'installe durablement dès lors que sa mission de facilitation de l'insertion sociale n'est plus garantie ou assurée de façon optimale. Dans ces trois cas au moins, l'école produit à coup sûr du conflit.

Tenant compte de tout ce qui précède, la réforme de l'école depuis envisagée doit avoir, entre autres pour objectifs d'assurer ces missions d'une part, de formation de personnes aptes, devenant citoyens par la compréhension des conventions communes, de leurs droits et de leurs devoirs ; d'autre part, de facilitation pour ne pas dire de garantie, de l'insertion sociale. Évidemment, pour que cela se fasse, le préalable reste la survenance d'une réelle volonté politique et l'existence d'un véritable projet global de société, pertinent et partagé, qui intègrent l'école comme levier / acteur à part entière de la dynamique de transformation sociale. Cette école associée, reformée au gré des exigences, des besoins, de la cadence et des phases de cette dynamique de transformation et de progrès, est la seule à même d'être efficiente. Elle le devient parce que, encore une fois, elle est adaptée à l'environnement, aux enjeux et aux évolutions de la société.

CHAPITRE IV

DE LA DÉSOCCIDENTALISATION À L'AFRICANISATION DE L'ÉCOLE DE LA RÉPUBLIQUE

> « Enfin, on évoquera la question de la finalité de l'éducation : éduquer pour quoi ? Pour quel projet de société ? À ce jour, peu de pays ont encore répondu clairement à ces interrogations »[114].

L'hymne national camerounais, du moins dans sa version française, en attendant qu'il y ait une version consensuelle et partagée par les francophones et les anglophones, commande à tout citoyen camerounais : *de l'Afrique, sois fidèle enfant !* À la lecture de ce vers, on peut aisément comprendre que si le Cameroun est un projet, l'Afrique quant à elle constitue un horizon, la vocation ultime. Toute entreprise sociale doit donc porter sa part d'authenticité, parce ce que conçue sur la base des réalités africaines, ou à tout le moins d'originalité, du fait de l'endogénéisation et de l'adaptation aux réalités africaines d'un modèle ou d'un standard expérimenté ailleurs.

En tenant compte des développements que nous avons faits dans la première partie de la présente réflexion, il parait certain que l'analyse initiée dans ce projet participe de l'ambition d'appeler à la prise de conscience de l'impératif de réformer l'école camerounaise. La reformer, la recréer, la

---

[114] *Afrique 2025. Quels futurs possibles pour l'Afrique au sud du Sahara ?,* op.cit., p. 45.

réinventer pour qu'elle porte, via ses produits, l'émergence et le développement tant espérés. Pour ce faire, deux concepts nous semblent clés : la désoccidentalisation et l'africanisation (I). Ce passage est le seul pouvant permettre d'aboutir à une école de développement (II).

I- De la désoccidentalisation à l'africanisation

> *« Je suis africain non pas parce que je suis né en Afrique, mais parce que l'Afrique est née en moi ».*

KWAME NKRUMAH

De la désoccidentalisation (A) à l'africanisation (B) de l'école camerounaise nous semble aujourd'hui plus qu'hier, dans un environnement mondial d'une âpre compétition, constituer un passage obligé. Ce passage s'avère tout aussi être une bouée de sauvetage pour les millions d'Africains en stade d'apprentissage et de formation.

A. Le postulat de la désoccidentalisation

> « Il existe autant de cultures que de peuples, parce que le propre de la culture est de dire l'homme dans les limites d'une situation et d'un contexte déterminés, et de lui permettre de s'assumer comme valeur située »[115].

De, Dé, *Des*, ou *Dés* sont le préfixe du latin *dis*, qui indique l'éloignement, la séparation, la privation d'un état ou d'une action, et qui sert à composer de nombreux mots tels que : déboisement, désillusion, désapprobation, démystification, entre autres[116]. Le recours au préfixe ''dés'' dans ce cadre, associé au terme ''occidentalisation'' (action d'occidentaliser, c'est-à-dire de modifier un peuple, une société par son contact avec les valeurs et la civilisation

---

[115] Discours d'ouverture de M. François SENGAT KUO, *op. cit.*, p. 13.
[116] Dictionnaire alphabétique et analogique de la langue française, LE ROBERT, op. cit., Tome deuxième, p. 45.

occidentale portée en modèle) renvoie à l'idée de rupture et de séparation de l'institution scolaire d'avec la civilisation occidentale.

Il faut d'emblée préciser, pour éviter tout amalgame ou mécompréhension, qu'il ne s'agit pas de prôner l'autarcie dans un monde désormais pluriel et ouvert, encore moins de remettre en cause tous les acquis de l'école de type occidental, mais davantage d'y puiser ce qui peut épouser, sans les remettre en cause, la philosophie, la pensée, les représentations et les valeurs africaines.

L'enjeu central pourrait dès lors être résumé en ces termes : **comment nous circonscrire nous-même tout en restant ouvert aux autres et au monde ?**

À cette question, nous réaffirmons que le projet n'est pas de renier ou de rejeter tout ce qui vient d'autres civilisations. Il s'agit plutôt de fermer la porte à tout ce qui peut participer à notre aliénation culturelle et à notre dépersonnalisation, et de s'ouvrir à tout ce qui est apte à être intégré ou adapté à nos réalités, à notre environnement et à notre conception du vivre ensemble et du développement. Cette posture idéologique et philosophique nous en convenons, doit-être en termes d'analyse ou d'opérationnalisation, l'inspiratrice de toute entreprise de refonte ou du moins de réformes de l'école.

La tourmente culturelle causée par le choc des civilisations, la confrontation parfois larvée et masquée, souvent violente, mais toujours complexe, entre valeurs traditionnelles et valeurs étrangères, appelle à une politique culturelle originale. Celle-ci doit être absolument discutée entre gouvernants, opposition, société civile, collectivité nationale, entre autres, pour plus de propositions et de points de vue, et surtout de certitude dans les solutions.

De toute façon, pour bâtir cette école adaptée à nos réalités et à notre environnement, nous devrons impérativement l'éloigner, moins dans sa structuration certes que dans sa substance, de l'école occidentale, mieux, formuler des codes qui en feront une originalité africaine, camerounaise à tout le moins.

B. Le postulat de l'africanisation

> « On ne peut définir notre identité par rapport à des modèles étrangers à reproduire ou à copier. Ce serait, au contraire, abolir ou détruire notre identité propre »[117].

Antoine Guillaume AMO[118] affirme qu'est universel, « *ce qu'on trouve chez tous les individus de même nom et particulier, ce qu'on rencontre chez certains individus ; est singulier ou individuel, ce qu'on ne trouve que chez un seul individu* »[119].

La vie humaine ou sociale se manifeste naturellement dans l'opposition permanente entre l'universel et l'individuel, le commun et le singulier. La culture en est la manifestation la plus aboutie. Il parait donc difficile de penser que les peuples du monde, fort de leurs singularités, de leurs particularités et de leurs particularismes, peuvent avoir les mêmes pensées, les mêmes idées, les mêmes croyances, les mêmes représentations, les mêmes projets, bref la même identité. Même si la volonté manifeste de standardiser le monde par la création des cadres de convergence, sous le fallacieux prétexte de l'universel, dans certains cas, peut avoir des vertus. Force est de reconnaitre que la spécificité et la singularité sont la base même de l'échange, du partenariat, de la coopération, de la collaboration, du commerce et de la richesse.

---

[117] REVEREND PERE MVENG (Engelberg), *op. cit.*

[118] Ou Anton Wilhelm AMO, Philosophe et érudit ghanéen (1700 - 1757).

[119] AMO (Antoine Guillaume), *Tractatus de arte sobrie et accurate philosophandi (Traité de l'art de philosopher avec sobriété et précision),* I, III. 4. Par. 10.

De plus, nul doute que l'universel tant prôné par Léopold SEDAR SENGHOR et Aimé CESAIRE n'a jamais renvoyé à cette forme d'universalisation ou d'uniformisation qui fait référence à un processus de dépersonnalisation et d'homogénéisation. Leur universel à eux ne fait pas écho à un processus qui peut connaitre des étapes, mais à une réalité presque palpable et à un état. Il ne renvoie pas à un ''construit'', mais à un ''donné'', car l'humanité de tous les peuples est un fait, tout comme l'égalité entre les hommes[120], l'interdépendance entre les nations. Cet universel a toujours signifié l'éloge de la différence au rendez-vous mondial du donner et du recevoir, maillage des particularismes aux agapes de la fraternité, dialogue et communion des cultures à l'aune de l'humanisme. C'est dire *in fine*, une sacralisation de l'Homme comme valeur absolue et finalité de tout.

Ce postulat des singularismes autorise des singularités ; c'est-à-dire des façons particulières de se sentir et de sentir, de se voir et de voir, de se penser et de penser ; finalement de se faire, de faire et de faire faire. L'Africain est un être singulier qui doit souligner et défendre cette singularité dans son entreprise d'appréhension de l'univers et de collaboration avec les forces cosmiques. Dans ce sens par exemple, on peut relever que l'Occidental parle de domestication et de domination de la nature lorsque l'Africain lui parle de collaboration avec les forces de l'univers. Chez l'Africain, l'Homme n'est ni maître, ni possesseur de la nature dans laquelle il n'est qu'un élément parmi tant d'autres ; éléments avec lesquels il s'oblige à composer pour sa propre survie et le maintien des équilibres fondamentaux. Cet univers selon l'Africain a sa propre vie, sa propre trajectoire et son ou ses

[120] Le combat des opprimés et des oppressés n'a jamais été, à notre sens, de conquérir leur liberté et leur égalité par rapport aux autres, mais simplement que cette liberté et cette égalité qui sont ontologiquement et consubstantiellement liées à tout homme, soient reconnues.

propres principes actifs. C'est là une autre preuve fondamentale de sa différence.

Nous pensons pouvoir dire, à la suite de ces constats, qu'il faut aujourd'hui une école africaine, une éducation et une formation africaine parce qu'il y a une compréhension africaine du monde ; une mystique, une ontologie et une cosmogonie qui sont propres à l'Afrique. Abdoulaye WADE écrit à ce sujet :

> *« Pour moi, l'originalité de notre ontologie, c'est sa physicité fondamentale. La pensée nègre ignore totalement la notion d'un esprit immatériel. Pour le Nègre, l'univers est peuplé d'êtres nombreux et divers, mais pas nécessairement visibles pour l'humain. Il y a cependant des manifestations de leur présence que seul l'initié peut déceler (...)»*[121].

De même, souligne-t-il, ce sont des énergies vivantes, des forces qui sont soumises au principe de l'interaction et qui, comme les forces en physique et en mécanique, peuvent s'additionner, se détruire ou se neutraliser[122].

Malgré l'existence de quelques mal lunés qui mènent encore des combats d'arrière-garde, le débat n'est plus aujourd'hui sur l'existence d'une vision rationnelle et cohérente chez l'Africain ou le Nègre en général, mais sur l'originalité de cette rationalité, reconnue différente de celle des autres. Aujourd'hui effectivement, ces partisans de la supériorité de certaines races sur d'autres sont tous excusés de leurs errements plus idéologiques et peut-être même doctrinaires que scientifiques ; car leurs tentatives de saisie de notre sphère et de notre réel manquaient de la nécessaire dimension d'appréhension de notre ontologie, de notre cosmogonie et de notre histoire. Par ailleurs, ces tentatives d'une connaissance de notre environnement et de ses

---

[121] WADE (Abdoulaye), *Un destin pour l'Afrique*, Michel Lafon, 2005, p. 58.
[122] *Ibid.*, p. 58 - 61.

influences étaient faibles et très limitées. Toutes les Humanités[123], singulièrement la sociologie et l'anthropologie reconnaissent maintenant, avec retard, la rationalité des sociétés africaines précoloniales :

> *« Les théories de la mentalité primitive prélogique ont fait long feu et, aujourd'hui, la question n'est plus de savoir si la mentalité nègre est logique, mais de quelle logique elle procédait dans son développement endogène, lors de la période précoloniale »*[124].

Cette logique africaine, expression de son *ontos*, productrice de son *épistémè*, est source de ses innovations et de ces multiples inventions dont la science dite *moderne* cherche encore les clés : les pyramides égyptiennes, le système solaire et céleste égyptien, la cosmographie des Dogons du Mali avérée conforme aux données, sinon à l'origine, de l'astrologie moderne, ne sont que des exemples parmi tant d'autres.

On peut aussi relever l'originale organisation de la société africaine précoloniale en catégories sociales ou en castes, représentant simplement des appartenances à des professions, pour la conduite idoine de toutes les missions sociales et pour une meilleure division du travail. Une division du travail favorable à une extraordinaire accumulation d'expériences et de savoir-faire, transmis de génération en génération, au fil des ans et des âges. Cette organisation africaine ingénieuse, aujourd'hui pervertie par l'organisation sociale occidentale qui a rapidement donné naissance à la lutte des classes.

Il faut également souligner que les castes abolies en Afrique existent toujours sous certaines formes en occident, en hexagone, notamment chez les artisans ou les fermiers surtout : la confection ou la ferme familiale sont reprises par les descendants et transmises de génération en génération, en

---

[123] Les sciences ayant l'homme pour objet : sciences humaines et sciences sociales.

[124] WADE (Abdoulaye), *op. cit.*, p. 63.

essayant quelquefois d'adapter leurs procédés de fonctionnement et de production aux exigences de rentabilité, tout en sauvegardant autant que possible ce qui en constitue l'originalité. C'est même ce qui fonde aujourd'hui l'essence même du *made in France*.

In fine, l'école, outil déterminant de transmission, au-delà de l'*épistémè*, de l'*ontos*, doit être africanisée pour garantir la construction, au niveau de l'apprenant, d'une *doxa* africaine dans le débat mondial. Notre école doit être africanisée par ce qu'elle a depuis longtemps cessé de l'être, ou mieux n'a jamais été africaine. D'autant plus que cet impératif n'a plus été, depuis longtemps aussi, considéré par les politiques comme tel.

II- Pour une école de développement

> *« Avec les techniques, les modes d'organisation, et surtout les représentations, les mœurs, les arts, les langues, nous sommes certainement dans le domaine de l'acquis, dans le domaine du transmissible, transmission non par voie héréditaire, biologique, mais par l'éducation ».*[125]

Le développement ne peut intervenir que s'il y a convergence des forces sociales, consensus des forces créatrices de sens autour du projet éducatif, étant bien sûr entendu que l'école est le premier levier de développement. Toutefois, la problématique de l'école de développement se pose en des termes précis. Cette école-là appelle à une organisation et à un déploiement différents de celle d'aujourd'hui puisque sa nature et son rôle changent (A). Dans cette dynamique d'ensemble qui appelle à une intervention globale et cohérente, l'Université semble être un lieu singulier de réformes structurelles et idéelles, pour une transformation au service du développement, de son intervention *intra* et *extra murros* (B).

---

[125] TOWA (Marcien), *op. cit.*, p. 25.

A. Les termes du problème

Le rôle social de l'école est aujourd'hui questionné, plus précisément sa contribution au développement. Envisageons la problématique générale de l'école de développement (1) avant d'analyser la nature, le rôle, l'organisation et le déploiement de celle-ci (2).

1. La problématique générale de l'école de développement

L'émergence est devenue, comme nous l'avons souligné plus haut, l'un des concepts à la mode aujourd'hui dans le monde. Le continent africain, grand amateur de mode en tout genre, en a fait l'incontournable complément de toutes les sauces. Malheureusement, ce qui peine à être perçu est que le combat pour l'émergence appelle à une réforme globale de la société : des techniques, des procédés, des procédures, des règles et des institutions. Institutions dont l'école est l'une des plus importantes, sinon la plus importante. On ne peut parler d'émergence et de développement en général sans une réforme de l'école. Si l'Afrique veut se développer, elle doit se doter d'une école de développement, prosaïquement d'une école apte à être le levier, le socle de son développement. Ceci passe d'abord par sa valorisation par les pouvoirs publics et son positionnement comme structure centrale du dispositif institutionnel. L'école, d'abord l'école, toujours l'école et rien que l'école, serait-on tenté de dire, sans pour autant paraitre excessif, tant l'école est effectivement au cœur de tout.

Une école de développement ne forme pas que des écoliers. Elle va bien au-delà, car elle forme des agents du changement auxquels on inculque, déjà tout petit, l'idéologie, mieux la religion du développement. Cette religion du développement pour les *fidèles* contribue à les former, à leur conférer des savoirs et des aptitudes, à leur construire une identité, à leur forger un caractère, à les doter d'une ambition, à leur imposer obligations, sacrifices et responsabilités.

2. Nature, rôle, organisation et déploiement de l'école de développement.

L'école de développement devient la ''nouvelle'' école de la République. Si son cadre infrastructurel reste à peu près le même, son ADN quant à lui change totalement. L'école est située au cœur de la dynamique globale comme référentiel majeur et institution centrale, puisque c'est en son sein que s'écrivent les destinées futures, se forgent des aptitudes et des ambitions, se forment les dirigeants d'aujourd'hui et de demain.

Cette école-là allie rigidité et flexibilité. De la rigidité dans le substrat commun à tout apprentissage : l'inculcation d'une morale républicaine faite de sacralisation de la patrie, de la protection par tous de la souveraineté de l'État et la défense du territoire, de la crainte de Dieu quelque soit l'obédience religieuse, du respect de la chose d'autrui et du bien public, de la poursuite de l'intérêt général. De la flexibilité dans les différents parcours proposés aux apprenants, leur permettant d'allier aisément théorie et pratique (et des formateurs théoriciens et praticiens) et leur ouvrant la voie à une diversité d'options professionnelles, donc d'insertion sociale.

Cette école-là ne forme pas pour former, elle forme à des métiers, en optant pour la professionnalisation et en suscitant l'innovation. Ici, tous les métiers s'apprennent, car tous les métiers sont ultimement conventionnés, du métier d'éboueur à celui de spationaute, du métier de boulanger à celui de dentiste, du métier de sage-femme à celui d'enseignant. Si elle a des parcours permettant de former à tous types de métiers, elle privilégie certainement les métiers et les savoir-faire exigés prioritairement par le plan de développement du pays. Autrement dit, on ne conçoit un plan de développement qu'en comptant sur sa propre expertise et ses propres savoir-faire ; sa propre main-d'œuvre, ses propres agents et acteurs de développement. Dans cette optique, à chaque étape franchie par l'apprenant doit correspondre, à côté du certificat obtenu, un savoir-faire directement *opérationnalisable* dans le marché national du développement.

B. Le cas spécifique de l'Université camerounaise

> « Il s'agit comme nous l'avons dit, de bâtir progressivement une référence africaine, avec des chercheurs confirmés et une nouvelle génération d'ouvriers de la Pensée »[126].

« L'Université appartient au Peuple ». Cette affirmation de Joseph ADETERO, ministre nigérian de la Santé de l'Administration GOWON en visite de travail à l'Université d'IBADAN en 1969, témoignait déjà de l'importance de la problématique de la place et du rôle de l'Université dans la société africaine. Toutes ces dernières années, les colloques, symposiums, conférences internationales, régionales et nationales, sur la place et le rôle de l'université en ce contexte de mondialisation se sont multipliés. Normal ! Nous sommes aujourd'hui dans la *société des savoirs*, en pleine *économie de la connaissance*. Une société dans laquelle la connaissance devient un pouvoir, le premier facteur de production et de création de la richesse. C'est pourquoi la théorie économique dominante reconnait maintenant que le facteur essentiel du développement n'est plus le capital comme on l'a cru longtemps, mais le savoir des hommes, leur aptitude à sécréter des richesses.

Pour la plupart des analystes, en l'occurrence Pierre VELTZ,

> *« Dans les pays avancés, l'université est en train de changer de référentiel et, dans une certaine mesure, de nature. Pour le dire*

---

[126] PONDI (Jean-Emmanuel), (dir.), *Immigration et diaspora. Un regard africain*, op. cit., p. 12.

très vite, elle était une enclave spécialisée centrée sur la formation des cadres supérieurs et moyens ; elle devient, dans l'économie et la société de la connaissance, une institution centrale, où se joue une part importante de notre destin commun »[127].

En réalité, cette analyse de Pierre VELTZ n'est pas que vraie pour les pays dits avancés. Même dans les pays en voie de développement, l'université, si elle ne change pas encore de référentiel, est tout au moins en profonde mutation. Une mutation tributaire à la fois de :

- l'essor des philosophies utilitaristes qui suggèrent le renforcement du caractère social et utilitaire des biens, des services, des projets et des institutions ;
- de l'évolution de l'économie mondiale qui priorise le savoir comme facteur de production ;
- de la mondialisation qui entraîne une compétition féroce entre les nations, c'est-à-dire aussi entre systèmes éducatifs en général et universités en particulier ;
- des constructions communautaires et des politiques mondiales qui imposent la convergence des systèmes de production et l'harmonisation aux standards internationaux ou aux modèles les plus aboutis, des politiques publiques nationales.

Concrètement, cette mutation appelle, sinon à une redéfinition de la place et du rôle de l'université, tout au moins à une profonde réflexion sur le sens à lui donner aujourd'hui et demain. Cette réflexion globale est le préalable nécessaire, au-delà de la reconstruction tout aussi indispensable du sens de l'université camerounaise et africaine, pour une redéfinition de ses trajectoires dans un contexte et une dynamique d'émergence. Notre université

[127] VELTZ (Pierre), « L'université au cœur de l'économie mondialisée de la connaissance », 2008, p. 01.

pour survivre, doit résolument devenir sociale et africaine (1), et une université de développement (2).

1. Une université sociale et africaine

L'université est un produit social. C'est une institution dont le point d'ancrage est la société. Mais pendant longtemps, l'université camerounaise et africaine comme l'université mondiale d'ailleurs, a été considérée comme « *une province située plutôt à la périphérie de notre société, sous l'emprise exclusive de la tribu académique* »[128]. C'est-à-dire une enclave quasi coupée de la société et uniquement tournée vers la satisfaction de ses besoins *intra murros*. Mais aujourd'hui, les politiques de développement des pays africains ne peuvent être pertinentes que si elles sont fondées sur les réalités sociales et justifiées par des besoins locaux. Pour Abdoulaye NDIAYE, ces réalités et ces besoins doivent mener à des interventions et à des solutions qui seront adaptées, durables et acceptables culturellement, dans un contexte non seulement africain, mais aussi immédiat des collectivités à qui elles sont destinées. C'est là où l'université intervient. Elle doit devenir sociale, c'est-à-dire s'ouvrir sur la société dans son ensemble en apportant par la réalisation de ses missions (enseignement, formation, recherche et appui au développement), une contribution décisive à la résolution des problèmes qui se posent à ladite société.

L'université en Afrique doit devenir une université africaine. Pendant longtemps et souvent encore aujourd'hui, les décisions politiques au sujet de l'université, de son organisation et de son déploiement, sont éclairées par des avis venant de l'extérieur. Ce qui en soi n'est pas mauvais tant que cela reste de l'ordre de l'avis, c'est-à-dire de la contribution, de l'échange et du partage. C'est l'extraversion de notre université qui pose problème et qui constitue un

---

[128] VELTZ (Pierre), *ibid.*

obstacle sérieux à son inscription sociale. L'avènement d'une université camerounaise et africaine est un impératif pour penser un développement authentique de notre pays et de notre continent. Chaque contexte commande un type précis d'université. L'Université camerounaise, c'est-à-dire celle d'un pays inscrit dans une dynamique de développement, où tout reste à faire, ne saurait être la réplique de l'université française ou britannique, une université d'un pays développé où le progrès se pose en des termes tout à fait différents.

2. Une université de développement

Une vision conventionnelle de l'université la limitait à l'enseignement et à la recherche. La société dans son ensemble la considérait alors comme une enclave uniquement orientée vers la satisfaction de besoins spirituels et idéels, « *une province située plutôt à la périphérie de notre société, sous l'emprise exclusive de la tribu académique* », pour reprendre à nouveau Pierre VELTZ. Dès lors, la transformation de l'université en acteur du développement sociétal, en partenaire primordial des évolutions et même des révolutions de notre environnement immédiat et lointain, en élément clé de la mutation économique en cours, surprend et étonne plus d'un. Ceux qui n'imaginaient pas la voir prendre par exemple la physionomie d'un *maître d'ouvrage*.

Cette transformation de l'université, portée par les divers mouvements d'idées qui secouent depuis de nombreuses décennies le monde universitaire[129] et les gouvernements, espérée par les États qui ne se sentent plus capables de financer des institutions non engagées, selon eux, dans la résolution des problèmes qui se posent au quotidien des sociétés, a fini par imposer la question de la place et du rôle de l'université dans son milieu d'implantation. Ce

[129] Surtout dans les pays francophones et lusophones ; les pays anglo-saxons étant originellement orientés vers l'entreprises et l'innovation.

questionnement suggère que l'on s'arrête un instant sur le contenu *nouveau* et la finalité *nouvelle* de l'université, en l'occurrence camerounaise, dans ce nouvel environnement mondial et sur la responsabilité des divers acteurs que cette mutation implique. Naturellement, ce questionnement nous plonge dans la grande problématique, d'ailleurs constante aujourd'hui, de la contribution de l'université au développement des nations, et plus simplement celle du contrat social de l'université.

L'université camerounaise doit être une université de développement. Ce postulat impose une convergence entre la vision de développement de tout pays, à court, moyen et long terme, et la définition des interventions de son université. Cette convergence commande :

- *un enseignement universitaire de développement* (c'est-à-dire des programmes d'enseignement adaptés à nos priorités de développement et orientés vers la promotion des secteurs clés de notre économie) ;
- *une formation universitaire de développement* (c'est-à-dire privilégiant la professionnalisation des enseignements et l'autonomisation des apprenants dans des domaines d'innovation) ;
- et *une recherche universitaire de développement* (c'est-à-dire une recherche, fondamentale ou appliquée, orientée vers les thématiques qui intéressent le vécu quotidien des populations : agriculture, agroalimentaire, industrie, pèche, élevage, santé, biomédecine, éducation, foresterie, énergie, climatologie, architecture, sécurité, etc.).

C'est la réorientation de ces trois missions fondamentales qui donnera un contenu substantiel à la mission d'*appui au développement* assignée aujourd'hui à l'université camerounaise et africaine. Cette mission suggère une relation plus étroite entre l'université et le couple société/décideurs (publics et privés). Elle exige à l'État d'associer l'université dans la définition des orientations politiques et la fixation des priorités. Cela présuppose bien entendu, l'existence d'une vision étatique précise de développement et une plus grande implication de la société qui, dans cette nouvelle configuration, n'est plus passive, mais, active. L'État et la société expriment des besoins auxquels l'université répond par l'innovation.

Elle exige *a contrario* de l'université, la mise au service de l'État et de la société, de son expertise et ses compétences plurielles. C'est l'optique de la *resocialisation* de l'université. Elle permettra à cette dernière de passer du *contact social* au *contrat social*. Pour ce faire, elle doit s'ouvrir sinon mourir, apprendre à se vendre ; accepter l'intervention des professionnels ; aller vers les entreprises, partenaires stratégiques de l'innovation ; opter pour la consultance, le conseil, la pluridisciplinarité, entre autres.

L'université doit également s'adapter et se réinventer (évolution de ses mandats, acceptation de la compétition, orientation vers l'*'université-entreprise''* et maître d'ouvrage).

Cette nouvelle relation n'est pas un obstacle à la survie de l'une de ses fonctions sociales historiques, *celle d'une parole critique totalement protégée à l'égard des pouvoirs* et assise sur une *exigence de réflexivité critique,* pour emprunter à Jacques DERRIDA. Sa magistrature première est celle de l'esprit, donc de l'objectivité et de la libre critique. Elle n'est pas contradictoire avec une intervention *extra murros* utile, efficace et adaptée aux évolutions du monde.

La domination universitaire occidentale actuelle, principalement américaine, est le fruit d'un projet politique qui remonte aux années 1960. La volonté américaine de constituer un empire intellectuel qui administre le pluralisme, va favoriser au fil des ans, une ouverture à l'universalisme et à la diversité. C'est l'avènement, aux États-Unis, de pôles extraordinaires d'émancipation de savoirs divers et le début de puissantes vagues d'immigration d'intellectuels venus de tous les horizons. C'est aussi la fin de la domination universitaire européenne, un continent intellectuel qui n'a pas su s'ouvrir à temps, au lendemain des *Lumières*, renouveler ses discours universalistes et s'adapter pour porter à suffisance, les mouvements d'émancipation des peuples, singulièrement noirs et d'Amérique latine. Aujourd'hui, on assiste indéniablement à l'émergence de l'Afrique, de l'Asie et de l'Amérique latine comme nouveaux pôles d'excellence de la pensée universaliste, principalement de la pensée critique.

Avatar de la mondialisation capitalistique, la culture académique et universitaire contemporaine devient tous les jours de plus en plus corporatiste, consumériste comme dans une économie de biens et de services, et orienté vers la recherche de capitaux et la levée de fonds sur les marchés financiers, au motif du financement de la recherche, des infrastructures, des équipements et plateaux technologiques, ou de l'amélioration des œuvres universitaires. Cette tendance ultra libérale annihile progressivement la pensée critique qui, pourtant, assoit le leadership idéel de l'université dans la société, en initiant des courants de pensée politique par la production de paradigmes nouveaux et le renouvèlement des connaissances et des savoirs.

Dans ce contexte, l'université camerounaise détient les clés de son futur. Elle doit renégocier sa magistrature d'influence à l'échelle locale, nationale et mondiale pour être adaptée aux transformations de la société-monde. Sa mutation favorisera certainement l'avènement d'une école typiquement camerounaise.

TROISIÈME PARTIE

LE DÉFI DÉMOCRATIQUE

> « [Il est temps] que l'Afrique, en se fondant sur son passé, imagine, par un effort de recherche, de formalisation et de systématisation endogène, sa propre expérience démocratique (…) ».[130]

Le monde entier, à la faveur des revendications des peuples au sujet de la démocratie, a connu au moins deux périodes fortes : la fin des années 80 et le début des années 90, d'une part, et la période qui s'ouvre avec l'année 2010, d'autre part. Aujourd'hui comme hier donc, les peuples crient et appellent à la liberté et à la démocratie. Comme dans une symphonie, chaque nation, forte de sa singularité et de ses réalités, joue sa propre partition. Cette nouvelle décennie qui s'ouvre rappelle étrangement celle de 1990.

En général, la démocratie semble être un levain du progrès. Au-delà des reproches, certainement fondés, qui font de la démocratie le porte-étendard de l'uniformisation du monde et un prétexte à la standardisation des institutions, de leurs organisations et leurs procédés de fonctionnement, le système démocratique semble constituer le mode de gouvernement le plus favorable aujourd'hui, à la libre expression de la diversité des talents individuels et des atouts des communautés.

Mais qu'est-ce que la démocratie au fait et qu'implique-t-elle ? La réponse à cette question double se trouve certes dans la distinction processus participatoire et dynamique démocratique que nous suggère la situation camerounaise (Chapitre V), mais aussi dans les enjeux de cette démocratie pour ce pays, le Cameroun, à l'orée de ce nouveau cinquantenaire (Chapitre VI).

[130] THIAM (Iba Der), « Démocratie, multipartisme (majorité / opposition) et paix politique », *Pouvoir et paix civile en Afrique*, *op. cit.*, p. 65.

Mais ce que l'on peut dire, à titre liminaire, faisant écho à la réflexion d'Iba Der THIAM, c'est que la démocratie est un concept polysémique dont se sont parés, entre autres, aussi bien les régimes libéraux d'Europe occidentale et d'Amérique du Nord, les dictatures communistes mises en place par le prolétariat, les monocraties péjorativement qualifiées de bananières, des régimes autoritaires du marxisme tropical que les gouvernements militaires ou civils autocratiques d'Afrique, d'Amérique latine ou d'Asie[131]. Un concept qui semble avoir servi presque toutes les causes, inspirant des systèmes politiques aussi nombreux que dissemblables, que ce soit sur le plan de la philosophie politique ou de celui des normes d'exercice du pouvoir[132]. Mais « *au demeurant, l'histoire passée et récente, les réalités sociologiques, les variations de la conjoncture mondiale ont, par leur mouvance, modifié tant et si bien la signification et le contenu du terme, qu'il en a découlé un glissement de sens si accentué qu'il a pu faire croire à une permanence atemporelle* »[133].

[131] *Ibid.*, p. 50.
[132] *Ibid.*
[133] *Ibid.*

CHAPITRE V

DU PROCESSUS PARTICIPATOIRE À LA DYNAMIQUE DÉMOCRATIQUE

> « C'est sur la volonté du peuple que doit reposer le pouvoir gouvernemental. C'est cette volonté qui est le fondement de la démocratie »[134].

Tous les États pratiquant l'ouverture politique ne sont pas forcément des États démocratiques. Évidemment, ici et là, les citoyens prennent part comme ils le peuvent, directement ou indirectement, aux choix de leurs systèmes électoraux, aux choix de leurs dirigeants et des politiques qu'ils leur proposent. Ils se présentent eux-mêmes aux différents scrutins ouverts, s'organisent et se structurent en associations et en partis politiques, manifestent et revendiquent de temps à autres. Cependant, cette kyrielle d'activités ne justifie pas le qualificatif ''démocratique'' qu'on serait tenté de leur accoler, car, au-delà de ces droits, c'est la qualité de leur jouissance et la sincérité de leur exercice qui sont déterminantes. C'est cette différence qui commande la distinction opératoire processus participatoire /dynamique démocratique.

Au Cameroun, à la faveur de l'ouverture politique opérée depuis la fin des années 80 et le début des années 90, l'on se

[134] Koffi ANNAN, Conférence internationale sur la *Gouvernance au service du Développement Durable et l'Equité*, 28 juillet 1997.

rend aisément compte que le système politique camerounais s'est revêtu des oripeaux de la démocratie sans pour autant que celle-ci ne soit ni effective ni réelle. En partageant succinctement la compréhension que nous nous faisons de la démocratie dans un premier temps (I), nous relèverons dans un second temps que, ce dont le Cameroun a véritablement bénéficié de la période allant de 1990 à nos jours, est la participation politique (II).

I- De la démocratie

> « Par démocratie, il faut entendre un système de gouvernement basé sur le droit, la légitimité du choix populaire (...). Évidemment, le bulletin de vote, à lui seul, ne suffit pas pour établir la démocratie »[135].

L'historien HÉRODOTE se posait cette question vers le milieu du Ve siècle avant JESUS-CHRIST : « *Quel est le meilleur régime politique ?* » Le choix entre la monarchie (de *monarchos,* c'est-à-dire magistrat unique et signifiant le gouvernement d'un seul), l'oligarchie (de *oligarchos,* le gouvernement de quelques-uns) et la démocratie (de *demos* et *cratos*, le pouvoir entre les mains du peuple, le gouvernement du peuple) a connu la victoire de la démocratie, du fait à la fois de ses vertus et de sa généralisation au fil des ans et des siècles, comme le meilleur de ces trois régimes. Cette victoire repose, entre autres, sur la sacralisation par la démocratie de l'idée de liberté et sur la répartition des six principales magistratures (*archai*) de cette époque (la royauté, les fonctions judiciaires, les charges militaires, les charges religieuses, le contrôle des marchés et la police) entre les mains du peuple (*dêmos*) et non entre celles d'un magistrat unique (monarchie) ou d'un petit nombre (oligarchie). Cette démocratie, comme tout régime d'ailleurs, si elle a un socle (A) constitué de principes intangibles, doit être endogénéisée

[135] KABA (Lansiné), « Paix et démocratie », *Pouvoir et paix civile en Afrique*, *op. cit.*, p. 141.

pour s'adapter à son environnement d'institutionnalisation (B). Cette endogénéisation ne saurait en justifier cependant la corruption.

A- À propos des généralités

> « La démocratie suppose la création d'un espace de liberté dans lequel on puisse asseoir les bases du dialogue et atténuer les antagonismes politiques et sociaux »[136]

À titre de généralités, il nous sied, à cette étape de l'analyse, de rappeler une autre importante distinction. En effet, il faut distinguer la démocratie dans son sens idéel ou formel et la démocratie dans son sens matériel.

1. La démocratie dans son sens idéel

La démocratie est avant tout une idée, ou un ensemble d'idées ; de représentations, de concepts et de principes sur la substance et la consistance de la liberté. L'*idée démocratique* renvoie à la conception, à la définition, à l'appréhension de ce qui est et de ce que représente le phénomène démocratique. Celle-ci, de PÉRICLÈS à Andréï SAKHAROV, en passant par Thomas JEFFERSON ou Abraham LINCOLN, a toujours signifié *gouvernement par le peuple ; la souveraineté y étant investie dans le peuple et exercée directement par lui ou par ses représentants désignés au cours d'élections libres*.

Pour tout dire, un « *gouvernement du peuple, par le peuple et pour le peuple* ». De façon peut-être plus imagée et certainement plus concrète, nous dirons que la démocratie est une sorte d'ajustement harmonieux d'institutions, d'acteurs et de projets, dont l'objectif est de porter la majorité au pouvoir

---

136 JORGE (Manuel), « Angola : crise politique et crise sociale (À la recherche de la paix nécessaire) », *Pouvoir et paix civile en Afrique*, Cahiers Présence Africaine, Présence Africaine Editions, Paris – Dakar, 1996, p. 34.

pour assurer une mission générale de satisfaction de l'intérêt commun. Iba Der THIAM, nous révélant sa réflexion à ce propos, dira que :

> *« Dans le champ sémantique qui gravite autour de la démocratie, se situent les valeurs liées aux libertés des choix (liberté d'association, de réunion, d'expression) sans que soient pour autant définitivement délimités ou figés leur mode d'interaction et le quadrillage du champ social où se réalise la dynamique que ces libertés mettent en mouvement »*[137].

La réalisation de l'idée démocratique nécessite le respect de ses dix piliers essentiels que sont :

1- la souveraineté au peuple,

2- un gouvernement constitutionnel consacrant la séparation des pouvoirs et reposant sur le consentement des gouvernés (légalité et légitimité),

3- le respect de la règle de la majorité,

4- la reconnaissance des droits de la minorité,

5- la garantie des droits fondamentaux de la personne,

6- des élections libres, justes et transparentes,

7- l'égalité devant la loi (isonomie) et devant le pouvoir (isocratie),

8- le pluralisme politique, économique et social,

9- Les valeurs de tolérance, de coopération et de compromis,

10- la libre justice judiciaire, administrative et constitutionnelle et la bonne gouvernance.

C'est pourquoi Iba Der THIAM affirme que :

---

[137] THIAM (Iba Der), « Démocratie, multipartisme (majorité / opposition) et paix politique », *op. cit.*, p. 51.

« Si donc, dans son itinéraire épistémologique, la démocratie a d'abord été considérée ''comme un moyen de la liberté, puis comme un instrument de la justice'', pour devenir ensuite une manière d'assurer le contrôle de la collectivité sur la croissance économique et le bon usage de la prospérité, elle ne sépare jamais ces fonctions les unes des autres »[138].

Dans le prolongement de sa pensée, l'auteur ajoute que la démocratie les englobe les unes les autres, les enserre les unes les autres :

« Par sédimentation successive, développant ainsi un substrat où apparait en perspective cavalière la primauté de l'homme et l'élargissement constant de ses droits et libertés, de toutes ses libertés »[139].

Ce qu'il importe de retenir est qu'au-delà de la règle de droit (légalité), qui est toujours comme on le sait l'expression d'un rapport de force, c'est le consentement, l'acceptation, mieux l'adhésion des gouvernés (légitimité) au processus politique ou de gestion des gouvernants établis qui doit primer. De même que doit primer la règle du consensus sur celle de la majorité. En réalité, le consensus est le socle de la stabilité d'un système politique. Consensus sur le système et le régime politiques d'abord ; ensuite consensus sur le système économique et de production, et consensus sur l'organisation sociale ; enfin, consensus sur la gouvernance de tout cet ensemble, c'est-à-dire sur la façon dont tout ceci doit s'harmoniser et fonctionner. En un mot comme en mille, la légalité c'est bien ; la légitimité c'est encore mieux, car celle-ci conditionne celle-là.

Par ailleurs, le consensus minimum sur les règles du jeu politique est d'abord une garantie de participation de tous aux échéances politiques, mais davantage un gage de paix et de stabilité. Lansiné KABA à ce propos écrit :

---

[138] THIAM (Iba Der), « Démocratie, multipartisme (majorité / opposition) et paix politique », *op. cit.*, p. 51.

[139] *Ibid.*

«La paix indique à la fois la présence d'un état d'esprit de sérénité et un système de rapports marqués par le respect et l'acceptation mutuels des membres d'une même communauté, les uns par les autres sans considération de race, d'origine ethnique, de classe sociale ou de religion. Tout ceci requiert une conception de la politique et de l'État basée sur le droit, l'égalité et le contrôle de l'électorat sur les gouvernants »[140].

Il parait cependant important de relever que la notion de démocratie s'actualise généralement sous des modes pluriels et divers dont le sens ne fait pas nécessairement l'unanimité[141]. Elle a pris la forme de la *démocratie directe*, qu'on retrouve dans la Grèce antique à travers l'Agora, où se débattaient et se décidaient les grandes orientations de la Cité. On la retrouve encore aujourd'hui, sous la forme du référendum et de l'assemblée générale décisionnelle de quartier, mais aussi à travers certaines formes de participation citoyenne, comme le jury et le tirage au sort utilisés pour des consultations ad hoc par les autorités locales ou nationales[142].

Cette démocratie va prendre le sens et la forme du *gouvernement représentatif*, comme résultante du renversement[143] du pouvoir concentré dans les mains du Roi, et instituera ce qu'on a alors appelé la République des citoyens. Cette forme de *démocratie (représentative)*, qui repose sur la notion d'égalité politique des citoyens, entraînera la recherche de l'égalité des conditions socio-économiques, le plus souvent dans la foulée de l'action des mouvements sociaux[144]. La conséquence directe est la

---

[140] KABA (Lansiné), *op. cit.*, p. 140.

[141] MERCIER (Clément), *Participation citoyenne et développement des communautés au Québec : enjeux, défis et conditions d'actualisation*, Université du Québec en Outaouais, Revue Développement social et de l'ARUC-ISDC, numéro 8, janvier 2009, p. 18.

[142] *Ibid.*

[143] Par la Révolution dans le cas de la France.

[144] *Op. cit.* Cette forme classique de démocratie, dont une vision défend l'idée que seules les personnes élues détiennent la légitimité de la prise de

résurgence des idées de démocratie délibérative et participative, agissant comme une sorte de contre-pouvoir à une pratique de la démocratie représentative vue comme élitique, parce que se résumant souvent à l'élection des représentants à intervalles réguliers[145]. Clément MERCIER affirme à cet effet que : « *la démocratie délibérative se définit par la capacité d'influencer les décisions d'intérêt général à travers un processus de discussion publique ouvert à la participation citoyenne, qui permet d'assurer l'expression de la diversité des points de vue dans l'espace public »*[146]. Cet espace public reproduit une sorte de démocratie *semi-directe* dans la mesure où, le processus permet le débat public selon des règles équitables, transparentes et rigoureuses sur des enjeux collectifs, qui feront l'objet de décisions publiques prises par les élus issus de la démocratie représentative[147].

S'agissant de la *démocratie participative*, elle s'entend souvent comme la participation citoyenne exprimée à travers les associations volontaires et les mouvements sociaux, comme émanation du capital social et facteur de cohésion sociale. Cependant, elle peut prendre un sens différent, quand elle est analysée comme un modèle politique alternatif, impliquant un partage du pouvoir de décision entre les élus et les citoyens au sein d'instances formelles de participation[148].

---

décision au nom de l'intérêt général, sera de plus en plus critiquée par les mouvements sociaux, parce que perçue comme incapable de rechercher et produire le bien commun, certains la qualifiant même de *« politique d'élite contre les masses »*.

[145] *Ibid.*

[146] *Ibid.*, p

[147] Elle peut se vivre, souligne MERCIER, à travers différents mécanismes qu'on connaît sur le plan du processus législatif, comme les commissions parlementaires et les diverses étapes d'élaboration de grandes politiques, les consultations publiques comme les commissions d'enquête, des États généraux, de même que les pétitions, les processus décisionnels locaux et les forums des médias.

[148] *Ibid.*, p. 19.

Antoine BEVORT dira à cet effet que : « *ce n'est pas l'utopie d'une démocratie directe, ni celle d'une société sans conflits, mais l'utopie d'une communauté qui n'abandonne pas son autonomie entre les mains de ceux qu'elle désigne pour les représenter* »[149]. L'intérêt fondamental de la démocratie participative est que, par définition, elle suppose une décentralisation de pouvoirs et de moyens et se fonde sur une citoyenneté active, plutôt que limitée au droit de vote et à la consommation de services publics. Ce qui à notre sens, déboucherait inévitablement sur la matérialité du concept même de démocratie.

2. La démocratie dans son sens matériel

La démocratie dans son sens matériel renvoie à sa pratique, à son organisation et à son fonctionnement. Autrement dit, comment est-ce qu'une société est-elle juridiquement organisée, structurée, institutionnalisée et comment ses institutions, ses structures et son organisation sont mises en musique en harmonie, pour assurer la participation de tous et le choix effectif et sincère du citoyen ?

La démocratie est aussi une pratique ou un ensemble de pratiques, d'habitudes, de procédures et de cadres qui participent à l'institutionnalisation de cette dernière. La pratique démocratique est la façon dont une société implémente les valeurs et les principes démocratiques. La démocratie n'est effectivement pas qu'un ensemble de valeurs, un faisceau de règles, de procédures et d'institutions constitutionnelles qui président à la collaboration des pouvoirs, au fonctionnement du gouvernement et qui organisent les relations entre les composantes de celui-ci, et entre celui-ci et les gouvernés. Elle est aussi la manière donc

---

[149] BEVORT, Antoine (2002), *Pour une démocratie participative*, Presses de Sciences Politiques, Paris, cité ici par MERCIER (Clément), *ibid.*

les acteurs concernés la réalisent au quotidien. Une démocratie est un ensemble organisé, constitué des pouvoirs publics, des partis politiques, des organisations privées et de la société civile au sens le plus large. Toutes ces composantes ne dépendent point les unes des autres, mais tirent le fondement de leur existence, de leur légitimité et de leur autorité directement de la seule constitution. Ce qui fait dire à Iba Der THIAM que :

> *« (...) la démocratie ne se définit pas uniquement par rapport aux institutions qui en sont le support, et aux manières d'être qui les animent et les éclairent ; elle est à la fois une expérience humaine, une praxis sociale et une exigence morale dont la nature et la portée varient avec le contexte historique et les justifications idéologiques qui lui ont donné naissance »*[150].

Au-delà de ces généralités, c'est la question de leur endogénéisation qui nous semble la plus sensible.

B. Le postulat de l'endogénéisation ou de la réappropriation – réinvention

> « J'irai même plus loin en affirmant haut et fort qu'en règle générale l'Afrique précoloniale n'a pas ignoré la démocratie pluraliste »[151].

La construction d'une société démocratique appelle la participation effective de toutes les composantes sus évoquées. D'un côté, dans le respect de l'idée démocratique et des règles du jeu démocratique ; et de l'autre, dans la quête perpétuelle de légitimité, la promotion d'un esprit de tolérance, de compromis et de consensus. Cette démocratie, comme l'affirmait John Stuart MILL, reste, nous le reconnaissons un apprentissage compliqué, différent d'une société à l'autre. Toute société qui s'engage dans une

---

[150] THIAM (Iba Der), « Démocratie, multipartisme (majorité / opposition) et paix politique », *op. cit.*

[151] THIAM (Iba Der), *op. cit.*, p. 57.

expérience démocratique le fait avec son histoire, sa culture et ses propres schémas politiques[152].

Iba Der THIAM, en écho certain à cet auteur auquel il fait sans cesse référence[153], poursuit en affirmant que :

> *« La démocratie n'est jamais un pari gagné d'avance et de toute éternité. Elle est un processus évolutif qui opère d'après un mouvement alternatif, pendulaire de va-et-vient, avec, selon les acteurs sociaux en présence, la conjoncture en vigueur, les rapports de force du moment, les intérêts en jeu, des avancés ou de reculs ».*

C'est dire que la méthode et le temps nécessaire à la construction d'une société démocratique sont fonction, entre autres, des réalités locales, de l'environnement culturel, de la qualité et des calculs des hommes. Si ces facteurs ne constituent à l'évidence pas d'empêchements dirimants à l'endogénéisation de la démocratie – la réappropriation en ce qui est de l'Afrique plutôt –, c'est parce qu'elle est finalement un projet social collectif, une adhésion libre de tout un corps social à son expérimentation et à son enracinement. Cette nécessaire réappropriation, cette réinvention ne doit cependant pas justifier les lenteurs voulues par les gouvernants, dans la formulation des politiques publiques, favorables à la réalisation concrète de la démocratie.

Bien plus, la réalité de l'endogénéisation ou de la réappropriation n'est pas synonyme de déformation ou de corruption de la démocratie, car il existe un *''jus cogens démocratique''*, pour reprendre une idée chère à Joseph OWONA, constitué de principes immuables sans lesquels il

---

[152] MILL (John Stuart), *Considerations on Representative Government*, Londres, 1861, Traduction française : *Considérations sur le gouvernement représentatif* par Patrick Savidan, Paris, Gallimard, 2009, 37.

[153] THIAM (Iba Der), *op. cit.*, p. 70 – 75 où l'on retrouve des recours très intéressants à la pensée de Stuart MILL.

n'est pas possible de parler de démocratie. Ce sont des principes tels que la souveraineté du peuple ; le pluralisme politique, économique et social ; des élections fréquentes, libres et transparentes ; l'isonomie et l'isocratie, entre autres.

La question est bien singulière en ce qui est de l'Afrique. Contrairement à d'autres points du globe où le terme d'endogénéisation serait tout à fait pertinent, il ne saurait être usité parce que mal approprié. En effet, si en parlant des religions, Cheikh ANTA DIOP considère qu'aucune d'elles ne se saurait être étrangère à l'Afrique qui en fut la terre d'enfantement, soulignant par là même, l'antériorité des cultures Noires en général et de la civilisation africaine en particulier, ce raisonnement peut pertinemment être repris dans ce débat relatif à la démocratie. Précisément, il ne fait plus aucun doute aujourd'hui que la démocratie n'est pas étrangère à l'Afrique, où elle fut expérimentée en Égypte bien avant Athènes.

Confortant notre conviction, Iba Der THIAM, parlant de l'Afrique précoloniale, souligne qu'elle est une société d'opinion publique qui connait l'existence de partis, sans parler du droit d'association, de réunion, et d'expression, le tout à travers une vision structurante de la société, *« aussi éloignée de l'exclusion mutuelle des antagonismes partisans que d'une assimilation mécanique de ceux-ci, qui taille tous les individus et les intérêts qu'ils représentent sur le même patron et fait abstraction de leur spécificité intrinsèque »*[154].

L'auteur ajoute avec justesse et subtilité que la particularité de la démocratie conçue et mise en œuvre par l'Afrique précoloniale, résidait dans le fait qu'elle posait les antagonismes dans un double rapport à la fois de différence et de dépassement de la différence, créant de cette manière le mode idéologique d'une société qui non seulement se vivait

[154] *Ibid.*

dans le pluralisme, mais se pensait également ainsi et, par la même, se libérait de ses déterminismes originels, négatifs ou paralysants[155].

La démocratie n'est donc pas une nouveauté pour l'Afrique et les Africains qui doivent juste extraire son expérience dans leur mémoire génétique ou leur inconscient collectif. Cette expérience n'a pas disparu, elle est simplement enfouie. En effet, en reprenant à juste titre Mwayila TSHIYEMBE, on peut dire que le Peuple africain dans son ensemble a perdu :

> *« [Son] Projet de société originel (...) à la suite de plusieurs impérialismes – notamment l'islamisation des flancs est et ouest du continent, la traite négrière, la colonisation européenne et la postcolonisation sinon néo-esclavagisme des Nègres par les Nègres au moyen de l'État postcolonial »*[156].

Cette perte du Projet de société originel du Peuple africain le condamne aujourd'hui, dit-il, à végéter dans une stratégie d'errance, lui ôtant durablement toute capacité à se gouverner lui-même. Capacité dont dépendent légitimité, efficacité et sécurité des régimes en place[157].

II- De la participation à la démocratie

> *« [Un projet de société doit faire] de l'être humain, de son bien-être, du respect de sa condition, de son statut juridique et du rôle qui lui incombe dans la société, la raison et la finalité de toute activité existentielle »*[158].

L'essentiel n'est pas de participer. L'objectif ici n'est pas de prendre à contre-pied le Baron Henri Pierre de COUBERTIN, père fondateur des Jeux olympiques, qui, privilégiant la participation, pilier de l'esprit olympique, ne

---

[155] *Ibid.*

[156] TSHIYEMBE (Mwayila), Préface de *Pouvoir et paix civile en Afrique*, p. 10.

[157] *Ibid.*

[158] THIAM (Iba Der), *op. cit.*, p. 59.

négligeait pas pour autant le résultat sportif, qui était l'un des objectifs de son projet, mais magnifiait plutôt le dialogue des cultures qu'induisent ces grandes rencontres des peuples. Ce dialogue que l'on sait aujourd'hui être gage de paix, de coopération et de solidarité ; une barrière au repli identitaire, à l'impérialisme et à la guerre.

En politique, l'essentiel n'est vraiment pas de participer. Certes pour gagner, il faut d'abord participer, mais pour participer il faut des règles de jeu claires et acceptées de tous. Dans les faits, bon nombre de pays ont troqué la démocratie à la participation politique, principalement même la participation des formations politiques aux échéances électorales. Pourtant, l'élection n'est pas la démocratie. Celle-là n'est qu'un élément parmi tant d'autres de celle-ci. D'ailleurs, même la participation à une élection ne rassure pas sur la sincérité et la transparente de cette dernière.

Au Cameroun, si la participation politique est véritablement un acquis, au moins depuis les années 90 (A), l'enjeu est aujourd'hui de passer de cette participation à une véritable société démocratique (B).

A. L'acquis des années 90 : la participation

> *« Les démocraties sont florissantes si les citoyens les cultivent avec soin et mettent à profit une liberté durement gagnée en participant à la vie de la société – en faisant entendre leur voix, en élisant des représentants et en acceptant la tolérance et le compromis dans la vie publique »*[159].

En cette décennie 1990 là, des bouleversements importants sont survenus dans les quatre coins du globe. Les pays d'Europe de l'Est se sont débarrassés de leurs dictatures. L'Amérique du Sud, sur les traces du Nord, a essayé après le passage d'un important vent de révolutions de constituer un

---

[159] *Qu'est-ce que la démocratie ?*, United States Information Agency (USIA), octobre 1991, p. 03.

hémisphère démocratique[160]. L'Asie a assisté à l'émergence d'un nouvel environnement institutionnel, propice à la diversité des opinions et des modes d'expression. L'Afrique quant à elle, a vu la fin du parti unique et s'est engagée dans une dynamique historique de réformes de son cadre institutionnel. Le constitutionnalisme africain de cette décennie est l'illustration la plus patente. De nombreux observateurs[161], s'arrêtant ainsi sur la spécificité de la situation de l'Afrique, dans le double degré d'analyse *''du dedans''* et *''du dehors''*[162], font remarquer que vers la fin des années 80, des éléments structurants nouveaux vont apparaître dans le paysage africain.

Au plan interne (analyse du dedans), la crise économique et les ajustements structurels remettent totalement en cause, les fragiles compromis sociaux et politiques qui jusque-là avaient assuré aux pouvoirs en place une relative stabilité. La fracture sociale va se renforcer du fait des inégalités sociales qui s'accroissent, ouvrant pour ainsi dire la voie à des violences et des revendications jamais connues. Certains experts feront au niveau de l'Afrique tout entière, le constat suivant :

> *« Agissant dorénavant comme un théâtre d'ombres où les esprits inanimés se battent sans merci pour leur survie, l'État postcolonial est devenu une dépouille et sa force n'est plus que le pouvoir de quelques-uns et la licence de tous. Face à la violence du pouvoir s'est constitué un pôle de violence privée contre le pouvoir »*[163].

---

[160] *Ibid.*, p. 02.

[161] Ceux de *Futurs africains* par exemple. *Voire Afrique 2025. Quels futurs possibles pour l'Afrique au sud du Sahara ?*, op. cit., p. 91.

[162] Dans l'optique de Georges Balandier. Cf. Balandier (Georges), *Sens et puissance*, Presses Universitaires de France, 3e édition, septembre 1986, p. 06.

[163] TSHIYEMBE (Mwayila), *op. cit.*, p. 11.

C'est également au cours de cette période que la société civile africaine naissante esquisse des schémas de structuration et d'organisation, portée entre autres par l'enracinement des revendications des partis politiques d'opposition, pour une réelle ouverture politique ; l'essoufflement de l'État policier ; l'affaiblissement de ses capacités administratives et opérationnelles ; l'explosion du chômage et la démultiplication des privatisations et des autres formes de désengagement de l'État des secteurs productifs.

Au plan international (analyse du dehors), les régimes autoritaires africains en mal de légitimité, perdent la quasi-totalité de leurs principaux soutiens à l'étranger, avec la chute du mur de Berlin et le *''vent d'est''* qui s'ensuit.

> *« Des régimes hier totalement sourds aux imprécations lancinantes de leurs peuples lâchent aujourd'hui du lest, pour suivre sous la pression conjuguée de leurs populations et de l'opinion publique internationale (...), au pas de charge, l'avènement d'un nouvel ordre démocratique mondial »*[164].

Le vent des libertés et de la démocratie n'a donc épargné personne. Ces bouleversements extraordinaires, fruits de la maturation des peuples et, à la fois, de l'expansion des modes et moyens de communication et de l'avènement de la mondialisation[165], révèlent, à côté de la diversité et de la complexité des diverses situations, deux constantes majeures :

- *Premièrement*, le besoin de liberté s'avère propre à tous les peuples et sa quête est une entreprise éternelle. L'érection des règles de jeu et des institutions démocratiques satisfait, pour ainsi dire, les aspirations de tous les peuples du monde.

---

[164] THIAM (Iba Der), « Démocratie, multipartisme (majorité / opposition) et paix politique », *op. cit.*, p. 53.
[165] Troisième mondialisation.

- *Deuxièmement*, la démocratie libérale peut être expérimentée avec succès hors des frontières occidentales. Et donc, quelques soient les compromis nécessaires à son endogénéisation réussie, à sa réappropriation ou sa réinvention (pour ce qui est de l'Afrique), dans des univers culturels différents de l'occident, sa terre d'érection d'après un européocentrisme puéril, ses principes fondamentaux, c'est-à-dire ses piliers, peuvent être reçus et expérimentés partout.

Dans ce grand tumulte, le Cameroun a construit son parcours tout singulier. Porté par le *vent d'est*, en phase peut-être avec l'interpellation prémonitoire du Président Paul Biya à ses camarades de parti[166], mais confortés certainement, entre autres, par la maturation progressive du peuple camerounais ; la récurrence des mouvements sociaux malgré la répression systématique orchestrée par les autorités ; l'inefficacité des politiques publiques dans la sortie de la crise économique et le retour de la croissance, les partis politiques de l'opposition et la société civile camerounaise se sont ''engagés''. Ils se sont engagés à combattre cette volonté étatique de perfectionnement de toute la panoplie des instruments de contrôle social, de lutter contre ce projet, de breveter une véritable technologie de la répression.

Pour ce faire, ils ont repoussé dans une frénésie salutaire les frontières de l'autorisé et de l'interdit, posant pour ainsi dire les jalons de la société politique qui, aujourd'hui encore, porte les couleurs du pinceau de ces pionniers et les stigmates de leur combat. Parce que l'instauration et la promotion d'une seule forme d'expression et du discours unique sont aussi une forme d'oppression, ces pionniers ont conquis le

[166] Le Président Paul Biya demande à ses camarades du Rassemblement Démocratique du Peuple Camerounais (RDPC) à la fin des années 80 de se préparer à la compétition politique.

droit irrétractable de ‘‘participer’’. C’est-à-dire de s’exprimer, dans la divergence de leurs opinions et dans la différence de leurs bannières.

Liberté de penser, liberté d’expression, liberté de réunion et d’association, droit syndical, droit de grève, droit de voter et de se faire élire sont le socle des libertés, des droits politiques et sociaux ainsi acquis.

Liberté de commerce, liberté d’entreprise, droit de propriété, sont quant à eux, le socle des droits économiques reconnus. La session parlementaire, dite *‘‘Session des libertés’’* de décembre 1990, qui a accouché de la quasi-totalité des textes qui organisent les différents régimes des libertés au Cameroun, porte l’empreinte indélébile de ce combat homérique.

Après vingt-quatre années de monopartisme de fait, soit entre 1966, date de création de l’Union Nationale Camerounaise (UNC) et 1990, date de retour au multipartisme suite à l’adoption et à la promulgation de la Loi N° 90/056 du 19 décembre 1990 relative aux partis politiques, le Cameroun a renoué en cette année historique avec une vie politique pluri partisane, de même qu’avec la concurrence politique qu’elle induit. Toutefois, l’inégalité des acteurs politiques d’une part[167], la corruption des règles du jeu politique et de la structure institutionnelle qui conserve un centralisme politique évident d’autre part, va progressivement obstruer les voies de cette démocratie naissante.

B. La démocratie effective : l’impératif actuel

Le début de la décennie 2010 s’apparente à une répétition de l’histoire. Comme entre 1990 – 1994, ces premières

---

[167] Principalement l’inégalité sur le terrain électoral entre RDPC, parti au pouvoir et appareil politique du président en fonction, et les formations politiques d’opposition.

années 2010 – 2014 semblent à la fois construire le sens de la décennie qui s'ouvre et donnent une direction du Nouveau Monde. Un monde de liberté où l'individu est résolument au cœur du projet social et le moteur de la dynamique d'ensemble. En effet, ce chapelet de contestations qu'on écoute en ce moment, ces révolutions et ces renversements de régimes auxquels on assiste (Côte d'Ivoire, Tunisie, Égypte, Yémen, Libye, Guinée, Mali, Burkina Faso) rappellent étrangement, comme un remake quasi parfait, le début des années 90.

Mais, si ces deux époques se ressemblent autant, ce qui fonde, à n'en point douter la singularité du contexte actuel est la place de plus en plus importante et une influence des plus décisives de la communauté internationale dans les dynamiques internes et les trajectoires propres des États. C'est l'avènement d'un « *ordre public international* » disent certains, fondé sur le respect des règles et principes du droit international et la prise en compte des considérations élémentaires d'humanité ; la protection des droits et libertés fondamentales ; la promotion de la démocratie, de la bonne gouvernance et de l'état de droit. C'est cet ordre public international qui, sans aucun doute, constitue aujourd'hui, face auxdites crises, le référentiel principal des postures idéologiques des États dits ‘‘puissants'', et le fondement ‘‘légal'' de leurs ingérences ou du moins de leurs projections politiques extérieures.

Cependant, sans rentrer dans les controverses nées desdites ingérences, considérées à tort ou à raison comme procédant d'un enrégimentement et d'une instrumentalisation éhontée des règles internationales aux fins de satisfaction d'intérêts égoïstes, il faut en convenir que le besoin de liberté peut logiquement être tenu pour inné à chaque homme et que la démocratie est une exigence fondamentale de notre temps. Il s'agit d'une ‘‘loi historique'', pour reprendre une expression qui semble de nos jours consacrée. Raymond ARON aurait dit :

> *« La vérité de notre temps, même la vérité définitive, celle qui s'éclaire elle-même comme elle éclaire ce qui s'oppose à elle »*[168].

Mais si la conquête par les peuples de leurs libertés est une entreprise de longue haleine et qui peut parfois ressembler aux travaux de Sisyphe, la démocratie quant à elle doit s'apprendre. Comme tout apprentissage, elle s'acquiert une fois pour toutes.

Le Cameroun en ce qui le concerne n'est pas à l'abri de ces soubresauts et des toussotements de l'histoire. En effet, après la tentative d'ouverture des années 90 sus-évoquée, les vieux démons de la ‘‘fermeture’’ ont rapidement repris le dessus, sous la forme d'une architecture institutionnelle corrompue et de règles juridiques iniques, bloquant par là même, le minuscule conduit qui laissait entrevoir les reflets de la démocratie. Entre les lueurs et les leurres de cette pseudo ouverture, le Cameroun s'est réveillé tout groggy, et, de révisions constitutionnelles en révisions constitutionnelles, d'adoption de lois toutes aussi contradictoires qu'opposées les unes aux autres, de création d'institutions en résurrection des mêmes institutions sous des appellations quasi identiques sans changements substantiels, d'avancées en reculades, de bousculades en trébuchements, de tâtonnements en glissades souvent spectaculaires, à pas retenus, avance vers l'incertain.

Il est urgent de sortir de ce *processus participatoire* qui donne, dans un affichage juridico-institutionnel presque commode et acceptable, quelques composants de démocratie. Des composants qui dans la pratique quotidienne en hypothèquent la réalisation, par une complexification permanemment entretenue du dispositif textuel et

---

[168] ARON (Raymond), *Essai sur les libertés*, Paris, Calmann – Lévy, 1965, p. 36.

institutionnel, et par la félonie, la roublardise constante et le passage en force fréquent de l'ordre gouvernant à chaque moment clé du processus. Ce processus participatoire pourrait, dans l'état actuel, être qualifié, selon Mathias Éric NGUINI OWONA, de *''démocratie nominale''*, tant ledit affichage est en nette opposition avec la réalité. Pour faire simple, ce n'est qu'une démocratie de nom !

Le Cameroun vit dans un équilibre précaire, une sérénité utopique et une stabilité factice soutenue par des discours rituels éhontés sur la paix. Une paix qui n'a aucun ancrage solide, dans un espace où les imaginaires politiques sont fondamentalement corrompus et structurés par des schémas manichéens d'amis et d'ennemis. Un espace véritablement fragilisé du fait des dérèglements institutionnels et les soubresauts centrifuges des forces sociales, suscitant un rapport d'agressivité concurrentielle.

L'heure est au dépassement des égoïsmes grégaires d'une classe politique avachie, inerte et léthargique, engluée dans ses lamentables échecs et ses perpétuelles contradictions.

D'un côté, nous avons un quasi Parti-Etat, farouchement agrippé à la culture du parti unique, s'accaparant jalousement du pouvoir et ses avenues, se fermant obsessionnellement à toute ouverture, pratiquant « *l'égoïsme frileux, la jalousie mesquine, le népotisme et la corruption et, anticipant sur les réactions éventuelles, domestiquant les intellectuels, les leaders d'opinion et les ralliant à sa cause par un procédé infaillible de distribution de faveurs* »[169]. Dans cette configuration, en empruntant à Iba Der THIAM, on peut aisément constater que « *le régime pratique une gestion patrimoniale du pouvoir qui ne respecte ni la morale, ni le*

[169] THIAM (Iba Der), *op. cit.*, p. 63.

droit, ni le mérite personnel, ni l'égalité des chances, ni la compétence, ni l'expérience »[170].

Les réactions du peuple, au lieu de le redresser, le rendent irascible, agressif et brutal, irrémédiablement soupçonneux, et l'arc-boutent plus fiévreusement encore dans un sectarisme foncier[171]. Isolé et décrié de toute part, ce quasi Parti-Etat camerounais vit alors enfermé dans un total déni de réalité, et dans un simplisme hallucinant de ses analyses et l'obsession de ses fantasmes puérils au cœur desquels la ''complotite'' s'égaille allègrement. Il se trouve obligé de développer des rigidités politiques, des réflexes de repli, de suspicion et de crispation comme du temps de la guerre froide, qui hypothèquent, de manière dramatique, toute perspective de changement.

De l'autre côté, on a une opposition totalement émasculée, opérant pour ainsi dire au milieu d'innombrables artifices, dans un univers faussement aseptisé où élections et libertés ne sont que de simulacres et de sinistres mascarades[172]. Une opposition qui, lasse de végéter, de perdre pied puis de s'enfoncer dans la terre molle de la gadoue, épuisée de se faufiler dans l'étroitesse et la morosité de cet espace d'exclusion dans lequel elle est si généreusement confinée, dans une proportion importante, est allée à la soupe de l'autre côté du campement, au son tonitruant des fanfares mesquines exultant leur réédition et exécutant la barbare symphonie de la *''démocratie apaisée''*.

Dans cette absence totale des leaderships où toute volonté de changement et toute velléité de progrès sont immédiatement matées, l'heure est au mouvement historique de reprise en main par le peuple, des voies de réalisation de sa destinée. S'il est convenu que la participation populaire est

---

170 *Ibid.*
171 *Ibid.*
172 *Ibid.*

la base même de la démocratie, il faut rappeler que la frustration populaire, par la limitation et le rétrécissement de l'espace démocratique, peut rapidement se transformer en tension politique, sociale et culturelle[173].

Aujourd'hui, l'heure est impérativement à la réalisation de réformes sans lesquelles cette société démocratique camerounaise tant espérée ne verra jamais le jour. Un régime politique démocratique et libéral, au travers de la mise en place d'un code électoral consensuel ; une justice constitutionnelle ouverte au citoyen ; un statut pour l'opposition ; l'acceptation des candidatures indépendantes ; l'avènement du bulletin unique ; l'exigence des règles sur la démocratie interne des partis politiques ; la révision des règles sur le financement des partis politiques et celles sur la communication et l'accès aux médias de ces derniers ; l'instauration de la bonne gouvernance. Mais, est-ce possible dans l'état actuel des choses, dans un contexte où la société tout entière laisse inexorablement le navire dériver vers les récifs pointus et des écueils tranchants, au lieu de changer irrémédiablement de cap ? Que peut le peuple dans cette tragédie ? Quelle place doit-il tenir et quel rôle peut-il jouer pour éviter une accélération de ce chaos ?

---

[173] JORGE (Manuel), *op. cit.*, p. 35.

CHAPITRE VI

LES ENJEUX DE LA DÉMOCRATIE : LA PARTICIPATION CITOYENNE À L'ACTION PUBLIQUE ET LA BONNE GOUVERNANCE

> *« La démocratie pluraliste (...) permet l'identification et la différenciation de chacun, l'union des forces vives de la nation dans le respect des différences, grâce à la tolérance qu'elle cultive et au respect d'autrui qu'elle enseigne »*[174].

Nous sommes à l'ère des influences réciproques. C'est pourquoi, comme le proclamait Léopold SEDAR SENGHOR, nous sommes devenus des *métis culturels*. Cette érection d'une civilisation de l'universel, marquée malheureusement du sceau de la domination du modèle occidental, si elle fait largement écho au fameux choc *huntingtonien* des civilisations, renseigne aussi, peut-être implicitement, sur l'existence d'interactions, d'échanges, de partages, d'influences réciproques entre les différentes cultures du monde. L'avènement de problèmes mondiaux (sécurité, santé, environnement, commerce, finance, etc.) appelle à une action concertée des États et à une plus grande solidarité des peuples pour les résoudre. L'on passe ainsi progressivement d'une société internationale structurée sous le prisme de l'indépendance, cette société post

[174] THIAM (Iba Der), *op. cit.*, p. 66.

westphalienne[175], à une société modelée par, pour et autour de l'impératif de l'interdépendance.

Dans cette nouvelle société-monde où le développement, du moins l'épanouissement collectif des sociétés humaines, se problématise à l'aune de l'universel, la confrontation permanente entre modèles laisse de plus en plus la place à l'érection de standards, sinon consensuels à tout le moins tolérés. Ces standards, véritables cœurs de métiers de la mondialisation, s'imposent progressivement à tous les peuples du globe. Il existe par exemple aujourd'hui, un *standard de société démocratique*[176], un *standard de bonne gouvernance*, un *standard d'état de droit* et tous les États du monde sont appelés à s'y conformer, c'est-à-dire à se normaliser, pour emprunter au nouveau lexique de la mondialisation.

La standardisation et la normalisation sont devenues des concepts clés de cette globalisation *uniformisante* qui nie toute ambivalence du signe, ne tolère ni spécificité ni exception, fût-elle culturelle. La logique en est simple : puisqu'il y a une société mondiale, et peut-être demain un gouvernement mondial[177] appelé de tous leurs vœux par certains, il faut dès lors des règles mondiales. Une norme mondiale dans tous les domaines d'interactions et d'intérêts communs.

Dans ce sillage, rappelons qu'il existe aujourd'hui des *normes de biens ou de produits* (agricoles, manufacturés, agroalimentaires, mécaniques, électriques, technologiques, etc.) qu'il faut impérativement respecter pour avoir accès au

---

[175] Qui a donné naissance entre autres à l'État territorial et qui lie la dialectique de la paix à la dialectique de la guerre entre les nations.
[176] BOMBELA MOSSOUA (Ghislain), *Le standard africain de société démocratique*, Thèse de Doctorat, Université de Yaoundé II, année académique 2015.
[177] ATALI (Jacques), *Demain qui gouvernera le monde,* Fayard, 2011.

marché mondial des biens ; des *normes de services* édictées par toutes les internationales[178] connues (transports, télécommunications, intermédiation financière, Technologies de l'Information et de la Communication, etc.) ; enfin des *normes de système* (éducation, démocratie, gouvernance, etc.), les normes les plus à la mode aujourd'hui. En effet, la démocratie comme la gouvernance sont des systèmes. Raison pour laquelle il est de plus en plus fait référence au système éducatif, au système démocratique ou au système de gouvernance.

La normalisation suggère donc un processus de filiation, sinon d'arrimage, de conformation aux normes édictées et prescrites dans un domaine donné, afin d'emporter le quitus de certification et de validation des autres acteurs en présence, surtout des instances dédiées à cet effet.

Cependant, ce que l'on peut noter de nos jours, s'agissant spécifiquement du débat relatif à la gouvernance, c'est en quelque sorte le glissement de la notion de gouvernance vers celle de démocratie. Autrement dit, la gouvernance tend aujourd'hui à féconder la démocratie et semble de plus en plus perçue comme l'un de ses éléments constitutifs ou comme l'un de ses sous-systèmes. D'ailleurs, il suffit de s'arrêter sur les éléments et autres indicateurs de la démocratie pour s'en rendre compte. En effet, elle apparait comme le dixième pilier de la démocratie, dans l'énumération faite au chapitre précédent. La définition de la démocratie parait dès lors avoir évolué pour s'adapter à cette nouvelle contemporanéité.

Pour ce qui est du Cameroun, la démocratie réelle est un impératif puisque dans un environnement international favorable à la compétition inter nations, et dans un contexte

[178] Entendez, Organisations Internationales (O.I.) et Organisation Non Gouvernementales (ONG).

national de mobilisation tous azimuts pour l'émergence, la démocratie est le seul système favorable à la libération, à la fois des énergies créatrices de sens et des forces de production. Elle l'est du fait de la garantie des libertés, outre politiques, mais aussi et surtout sociales et économiques (liberté d'entreprendre, liberté de commerce, droit de la propriété et aux bénéfices, etc.). Elle l'est parce qu'elle participe à l'instauration d'un climat de paix favorable au développement. Iba Der THIAM affirme à juste titre que « *la paix, on l'oublie souvent, est presque toujours le chaînon manquant entre la démocratie et le développement* »[179].

Parmi les enjeux de cette démocratie, nous nous attarderons uniquement sur la participation citoyenne à l'action publique (I) et la qualité de la gouvernance (II).

I- La participation citoyenne à l'action publique

> *« La liberté est en définitive la faculté non seulement de choisir, mais également d'évaluer et d'assumer la responsabilité des conséquences morales et matérielles de ce choix »*[180].

La participation citoyenne repose sur la notion fondamentale de citoyenneté. Toutefois, il convient de reconnaitre la difficulté qu'il y a à définir la citoyenneté en si peu de lignes, tant la notion est devenue l'une des réalités les plus centrales de notre vie en société. Nous pouvons simplement rappeler son lien premier avec le *droit de cité*, accordé comme privilège à des *ayants droit*, pour participer aux délibérations et aux décisions importantes (agora grecque, citoyen romain) de la cité[181]. En effet, dans les

[179] THIAM (Iba Der), *op. cit.*, p. 55.
[180] TSHIYEMBE (Mwayila), *op. cit.*, pp. 12 – 13.
[181] MERCIER (Clément), *Participation citoyenne et développement des communautés au Québec : enjeux, défis et conditions d'actualisation,* Université du Québec en Outaouais, Revue Développement social et de l'ARUC-ISDC, numéro 8, janvier 2009, p. 23.

démocraties antiques de Grèce et de Rome, seuls les « patriciens » ou les possédants et les nobles avaient le droit de cité. Etaient dès lors exclus, les femmes, les esclaves et les « roturiers ». À la conquête élargie du droit de cité comme sujet dans la démocratie moderne, se sont ajoutés, après d'importantes luttes et de conquêtes, des *droits civils*, *sociaux* et *politiques* qui ont permis de traduire une vision plus large, au plan économique notamment, égalitaire et équitable de la citoyenneté[182].

Si depuis son émergence, la citoyenneté a été définie surtout par l'appartenance de l'individu à l'État-Nation, la notion se déplace maintenant vers une citoyenneté à multiples référents, niveaux et sens, soit de ville ou de région, soit même sur une base identitaire (sexe, âge, appartenance ethno – culturelle, mode de vie, conditions de vie, etc.). Ces nouveaux sens ouvrent sur le pluralisme des *identités individuelles et collectives*, construisant l'hétérogénéité des définitions et affirmations de la citoyenneté[183]. Ces nouvelles identités invitent à identifier et à lever les obstacles qui leur sont liés et qui s'opposent à l'exercice véritable de ces « *nouveaux droits de cité* » ou les restreignent[184].

La participation citoyenne à l'action publique est aujourd'hui une exigence de la démocratie. La question, si elle est actuelle, n'est toutefois pas nouvelle. Dans la société athénienne déjà, elle constitue le cœur de métier de la société démocratique. Ici, les citoyens sont par exemple appelés à évaluer les politiques publiques à travers des *jurys de citoyens tirés au sort*. Déjà à cette époque, l'idée n'est pas une invention, car, de manière proche, elle plonge ses racines dans la démocratie grecque antique, et de manière lointaine,

---

[182] *Ibid.*
[183] Ce qui appelle des définitions davantage subjectives que celles, dites objectives, reconnues généralement par le *droit de cité formel*.
[184] *Ibid.*

dans la civilisation égyptienne dont bon nombre d'institutions ont constitué la source qui a fondamentalement inspiré la Grèce antique. Les politiques publiques et plus généralement l'action politique sont évaluées par les citoyens, bénéficiaires ultimes de celles-ci. Si au fil des siècles ce ne sont que les modalités de cette participation qui ont évolué, l'idée de cette participation elle (A), de même que ses vertus (B), dans un contexte de démocratie et de quête de développement restent inchangées.

A. L'idée et les modalités de la participation

Il faut rappeler qu'il existe au moins trois types de citoyenneté. Celles-ci doivent s'exprimer de façon optimale pour que le citoyen apporte, au travers de ses diverses mobilisations, sa contribution à la réalisation des projets collectifs : la *citoyenneté politique* ; la *citoyenneté civique* et la *citoyenneté sociale*[185]. Chacune de ces citoyennetés connaît une forme de participation, un objet de participation, un espace de participation et un objectif en termes de gouvernance démocratique qui lui sont propres.

Pour la *citoyenneté politique*, la forme de participation est la mobilisation politique, son objet c'est l'exercice du pouvoir direct et indirect (élire et être élu/ s'associer, participer à diverses instances décisionnelles). Ici l'espace de participation c'est, d'une part, le terrain électoral (national, régional, local) et référendaire ; d'autre part, les structures décisionnelles et formelles institutionnalisées et liées au pouvoir de l'État ou d'une collectivité[186]. L'objectif démocratique ici est la délégation du pouvoir entre les mains des élus ou représentants mandatés.

---

[185] *Ibid.*, p. 26.

[186] Exemples du conseil municipal, du conseil d'administration d'organismes publics.

En ce qui concerne la *citoyenneté civique*, encore appelée *citoyenneté active des personnes*[187], la forme de participation est dite publique, avec pour objet la contribution aux débats publics[188] et l'intervention dans la communauté, à travers les instances locales institutionnelles ou autonomes. Les institutions et opérations publiques de consultation ; les lieux et organes de liberté d'expression (médias, manifestations, pétitions, instances et projets de développement des communautés) en constituent les espaces dédiés. L'objectif démocratique à ce niveau est le partage du pouvoir politique entre les élus, les institutions et les citoyens.

La *citoyenneté sociale*, celle qui nous interpelle prioritairement, se caractérise formellement par la participation sociale ou civile. Son objet est la transformation et l'influence des politiques, des normes et structures sociales, au plan macrosocial et de celui des communautés locales. S'agissant de l'espace de participation, la société civile, dans son sens le plus extensif, en constitue le socle. Il est fait référence aux mouvements et associations indépendantes, à certains relais d'institutions publiques (aux comités de quartier, aux comités et collectifs de citoyens), aux organisations non gouvernementales, aux divers engagements bénévoles, aux organisations communautaires de développement. L'objectif démocratique comme nous l'avons déjà souligné, est constitué de la défense des droits sociaux et le plaidoyer pour une meilleure jouissance citoyenne desdits droits (revenu, éducation, santé, approvisionnement en eau et électricité, routes et ponts, travail, etc.). La contestation et l'opposition au pouvoir en place sont les moyens les plus usités, justifiant l'idée selon laquelle cette forme de citoyenneté constitue bel et bien, une

---

187 MERCIER (Clément), *op. cit.*, p. 26.

188 Débats relatifs aux enjeux économiques, politiques et sociaux des décisions publiques.

sorte de contrepouvoir en contexte de gouvernance démocratique[189].

Cela dit, rappelons avec PROTAGORAS que « *tous les hommes possèdent à des degrés certes divers, la ''tekhnê politikê''. Cette aptitude politique innée est due au fait que l'homme est doté de raison, de logos »*[190].

Ce logos, manifesté dans le choix de la vie en communauté et dans celui des règles devant l'organiser, n'est pas simplement dû au fait que l'homme est un animal politique, mais surtout à celui qu'il incarne la raison, qu'il est la raison par excellence, le logos vivant. Puisqu'il a fait le choix de la communauté et du respect des règles qui l'organisent, l'individu devient citoyen. Citoyen n'est donc pas une position innée, mais un statut qui s'acquiert, et finalement peut-être, qui se conquiert. Le citoyen dont l'essence même est la participation, c'est-à-dire, d'un côté son implication dans les activités du groupe et de l'autre la prise en compte par le groupe de sa position, de son point de vue, de sa spécificité et de sa différence. Cette participation est une idée (1) force de la démocratie. Ses modalités de mise en œuvre sont diverses (2).

1. L'idée de la participation

La participation citoyenne constitue le recours d'une multitude d'acteurs[191] qui soutiennent le développement des communautés, par des initiatives diversifiées, orientées vers des perspectives de développement social, de développement local, d'amélioration de la qualité de vie, de renouvellement

[189] MERCIER (Clément), *op. cit.*, p. 26.
[190] Cité par CALAME (Claude), « Prométhée généticien ? Pour dépasser l'opposition ''nature/culture'', une perspective anthropopoiétique », Paris, Ecole des Hautes Etudes en Sciences Sociales (EHESS), mars 2014.
[191] Institutionnels, privés, communautaires, entre autres.

des institutions démocratiques, entre autres[192]. La participation citoyenne constitue également un levier décisif du développement des communautés[193]. Toutefois, elle traduit aussi une trajectoire propre liée au renouvellement de la démocratie participative[194]. Si cette notion est difficile à cerner, elle semble somme toute renfermer une idée-force :

> *« l'idée d'une* ***citoyenneté active et engagée****, soit dans une forme minimale qui est l'exercice du droit de vote, mais davantage à travers des formes d'engagement individuel et collectif visant une certaine transformation sociale de son milieu et de la société »*[195].

Elle s'exprime dans une implication du citoyen dans les processus décisionnels le concernant au niveau local et national, et dans une forme plus individuelle avec l'insertion des personnes dans les projets communautaires et collectifs. Elle traduit l'expression de la réalité de la société civile[196]. La participation citoyenne s'analyse donc comme l'implication du citoyen aux activités de la collectivité (*activité politique*, tels exercices de fonctions politiques et les leaderships sociaux, activité judiciaire et juridictionnelle, activité de défense et de sécurité ; *activité économique* et principalement le travail, par la production, la distribution, la commercialisation, etc. ; *activités sociales et culturelles*,

---

[192] MERCIER (Clément), *op. cit.*, p. 22.

[193] Le développement des communautés s'entend d'un processus de coopération volontaire, d'entraide et de construction de liens sociaux entre les résidents et les institutions d'un milieu local. Ce processus vise l'amélioration des conditions de vie sur les plans social, culturel, économique et environnemental. Il s'appuie sur les quatre composantes suivantes : l'*empowerment* individuel, organisationnel et communautaire ; la participation des citoyens et citoyennes ; la promotion des partenariats à l'intérieur des lieux de concertation volontaire ; la création d'un climat propice à l'action. Cf. MERCIER (Clément), *ibid.*

[194] *Ibid.*

[195] *Ibid.*, p. 24.

[196] *Ibid.*

telles que l'organisation associative des communautés, les magistères artistiques, etc.).

Cette participation dont les modalités sont définies par chaque société et selon les domaines n'est rendue pérenne et efficace que si les citoyens font en retour le constat de la prise en compte par la société de cette participation et de son efficacité en termes d'amélioration des politiques et de l'action publique.

La participation et la non-exclusion garantissent à la fois la qualité, la pertinence et la justesse des politiques publiques, et certainement la réussite de leur implémentation et de leur appropriation par l'ensemble. Cette participation est nécessaire et elle se fait, comme nous l'avons précisé, par un passage obligé du *moi individuel* au *moi social* dans la mesure où l'épanouissement de l'individu est assuré par ses diverses mobilisations au projet collectif, et la meilleure protection dont il puisse jouir étant la société elle-même. Ceci, ce d'autant plus que l'objectif d'une politique de participation n'est pas de figer la conscience individuelle dans le tout social, mais de favoriser l'éclosion de sa différence pour enrichir les projets et les expressions de la société. C'est ce qui doit constituer la véritable morale sociale d'un État démocratique.

Par ailleurs, l'action sociale et surtout les politiques publiques doivent être attachées à l'idée et au principe du service public, puisque le citoyen est la raison première et la finalité ultime de toute politique. Il incombe évidemment à l'État et à toutes les forces de progrès, de travailler à faciliter les mobilisations sans discontinuer des citoyens et de forger des coalitions de vaste portée, afin de créer des synergies gagnantes. Dans cette perspective, les visions et les politiques publiques d'envergure doivent être le fruit d'un consensus minimum entre l'État, les partis politiques, la société civile dans un sens large, car les clivages et les idéologies ne décident pas de tout.

De même, les questions agricoles, syndicales, de dynamisation des PME et PMI, d'organisation du secteur informel, d'urbanisation, de culture et de sport doivent aboutir à des politiques publiques négociées, pour garantir une action publique pertinente, efficace et appropriée dans l'un ou l'autre des secteurs convoqués, et dans bien d'autres encore.

Le Cameroun, Afrique en miniature par la richesse et la diversité de ses atouts, mais aussi et surtout par sa traditionnelle et légendaire hospitalité, est et a vocation à demeurer une *République universelle incarnée* où l'amour du prochain, l'acceptation de la différence, la tolérance des opinions contraires, la compassion et la générosité prospèrent. La participation effective de tous est un merveilleux champ d'expérimentation et le doux souffle de cette vocation.

2. Les modalités de la participation

Le préalable à la participation est l'existence d'un État de droit, dans deux de ses segments fondateurs : l'égalité de tous devant la loi (Isonomie) et l'égalité de tous devant le pouvoir (Isocratie). En effet, s'il est vrai que la loi est l'expression de la volonté générale, quelque soit l'autorité du pouvoir, chacun devrait se voir reconnaître des droits, dont la consécration juridique a pour contrepartie, l'obligation de respecter la volonté du plus grand nombre. C'est pourquoi PROTAGORAS pense que :

« Les hommes dont les aptitudes et les talents diffèrent ne sont pas égaux par essence ou par nature ; ils le deviennent politiquement, par l'égalité des lois qu'ils se donnent »[197].

Il y a donc, d'une part, une dimension de consentement individuel et collectif au pouvoir, garante à la fois de la coexistence pacifique des hommes et de la légitimité du fonctionnement de l'État, et d'autre part, une protection civique et institutionnelle de la jouissance paisible, constante et perpétuelle des droits fondamentaux, garants de l'épanouissement des citoyens et résonnance de la sacralité de la dignité humaine.

Enfin, par une idoine et juste répartition de la richesse nationale et des bénéfices de la croissance, la participation citoyenne sera récompensée. Telle est la position défendue par les célèbres ''réformateurs sociaux'', AGIS et CLÉOMÈNE à Sparte : *« redistribuons les patrimoines et la Cité aura davantage de citoyens utiles »*[198].

Cette politique de *redistribution*, faite de justice et d'équité, est l'illustration et la réalisation d'une société humaniste. Elle constitue également la marque de la démocratie au sens le plus noble du terme. Il s'avère donc impérieux de mobiliser toutes les volontés et de s'engager véritablement pour faire sortir de la rhétorique les mots clés sus-évoqués : unité nationale, cohésion sociale, participation, morale sociale, service public, État de droit, redistribution pour en faire une réalité quotidienne de la vie et du fonctionnement de l'État.

---

[197] CHAMBRY (Émile), Platon, Protagoras, ou les Sophistes - genre démonstratif, La Bibliothèque électronique du Québec, Collection *Philosophie*, Volume 10 : version 1.0.

[198] Cité par VEYNE (Paul), « Critique d'une systématisation : les *Lois* de Platon et la réalité », Annales Économies, Sociétés, Civilisations, Année 1982, Volume 37, Numéro 5, pp. 883-908.

B. Les vertus de la participation : citoyen, acteur du changement

Le développement est l'affaire de tous. Vieux et jeunes, hommes et femmes, valides et handicapés, originaires du Nord comme du Sud, de l'Est et de l'Ouest, Camerounais résidents comme ceux de la diaspora. Tout le monde est concerné et doit s'impliquer pour relever ces défis. Aussi, est-il est indispensable de repositionner le citoyen au centre du jeu institutionnel (1) et le recentrer au cœur du projet social (2).

1. Le repositionnement du citoyen dans le jeu institutionnel : le contrôle citoyen de l'action publique

La participation du citoyen signe son engagement à soutenir et à porter le projet global. Il prend toute sa part dans la dynamique d'ensemble parce qu'il se sait important dans le groupe et pour le groupe. L'une des vertus de la participation est donc qu'elle repositionne le citoyen dans le jeu institutionnel comme acteur à part entière, aux côtés des dirigeants. Acteur à part entière parce qu'il n'est pas qu'usager du service public, bénéficiaire des politiques publiques, il est aussi l'inspirateur des reformes, le soutien des bonnes initiatives et le dénonciateur des dérives, puisqu'il exerce en permanence un contrôle citoyen de l'action publique.

Il participe parce qu'il prend part, parce qu'il sait que son avis compte et que le gouvernant, en plus d'en tenir compte, doit lui rendre compte. Il félicite, il approuve, il suggère, il dénonce, il conteste, il grève parce que ce sont là différentes expressions de sa participation. Le citoyen dans un contexte de démocratie a une position éminemment importante dans le jeu institutionnel étant donné qu'il est la poutre maîtresse qui assure la solidité de toute institution républicaine.

2. Le recentrage du citoyen dans le projet social : le citoyen agent, catalyseur et but ultime de tout développement

Le citoyen ayant été recentré dans le jeu institutionnel, devient un agent du changement, un véritable catalyseur du développement et la raison ultime pour laquelle le développement est recherché. C'est là l'autre vertu de la participation.

Concrètement, le développement apportant la satisfaction optimale des besoins, l'amélioration des conditions de vie et l'accroissement ou au moins le renforcement des capacités individuelles et collectives, la réduction des inégalités, le citoyen est à la fois le principal artisan et l'ultime bénéficiaire parce qu' « *en réalité, la question centrale tourne autour du binôme : production – répartition* »[199].

Dans un système démocratique, l'implication des citoyens est rendue facile dès lors que ceux-ci sont convaincus d'être les principaux bénéficiaires du fruit de leurs efforts, de leur abnégation, de leurs sacrifices. Ils en sont d'autant plus convaincus que l'égalité est la règle. Mais si elle s'avère insuffisante, elle est modelée par l'équité et la justice. Par ailleurs, la société étant dans la perspective d'Yves COCHET, « *un système dynamique de perceptions croisées entre individus* »[200], les problèmes des uns concernent les autres puisqu'il y a intersubjectivité. La démocratie libère les énergies et affranchit les forces de création et de production pour l'épanouissement de l'ensemble, pour le progrès de la collectivité.

---

[199] JORGE (Manuel), *op. cit.*, p. 45.

[200] COCHET (Yves), DUPUY (Jean-Pierre), GEORGE (Susan), LATOUCHE (Serge), *Où va le monde ? 2012 - 2022 : une décennie au-devant des catastrophes*, Mille et une nuits, février 2012, p. 11.

Il nous semble tout à fait vain de revenir sur le débat célèbre, d'inspiration européocentriste, de contestation de l'aspiration légitime de tous les peuples à la démocratie et à la liberté. Il va de soi que tous les peuples aspirent à la liberté, c'est un fait historique. D'ailleurs, l'esclavage n'est inscrit dans l'ontologie et les gènes d'aucune civilisation. La démocratie, tout comme la liberté, n'est pas un luxe pour l'Africain qui a été le premier à les expérimenter, l'antériorité de sa civilisation et de sa domination sur le monde n'étant plus ignorée. Pour preuve, toute l'histoire africaine n'est qu'une succession d'épopées homériques de luttes pour la liberté et l'autodétermination. Qui plus est, il n'y a pas de choix possible entre la démocratie et le développement. Le premier n'exclut pas le second. Aucun des deux ne doit se poser en option. Au fait, l'histoire humaine ne donne pas d'exemples probants de peuples qui ont sacrifié la démocratie pour le développement ; c'est-à-dire, qui sont devenus développés avant d'être démocratiques. Presque toujours, dictature rime avec sous-développement. C'est toujours le citoyen libre qui a été le principal catalyseur du développement.

II- La qualité de la gouvernance

> *« Nous insistons sur la démocratie parce qu'elle seule peut aider la paix à créer les conditions optimales pour une reprise des activités économiques en Afrique. Un gouvernement démocratique sentira le besoin de mettre de l'ordre dans le système administratif et financier, de lutter contre la gabegie et la corruption et d'initier une nouvelle éthique du travail »*[201].

La gouvernance est devenue de nos jours une problématique centrale de la réflexion sur les dynamiques internes des sociétés humaines. L'intérêt marqué des États, des organisations internationales, des agences de développement, des institutions universitaires et de

[201] KABA (Lansiné), *op. cit.*, p. 143.

recherche, donnant chacun sa définition de la gouvernance en est une parfaite illustration.

D'emblée, il faut dire que la notion de gouvernance est quelque peu récente. Associée à la gestion des entreprises, elle renvoie dans ce cadre au renouvèlement ou à la mise en place de nouveaux modes, procédés et techniques de régulation plus souples, fondés sur un partenariat plus efficace entre les différents acteurs. Elle a été développée en tant que nouvelle forme de management permettant à l'ensemble des parties prenantes des entreprises, au premier chef les actionnaires ordinaires, d'avoir une plus grande prise sur les décisions stratégiques des administrateurs[202]. Pour Clément MERCIER,

> *« il s'agissait d'introduire des mécanismes de surveillance et de reddition de comptes à l'intérieur même du processus de décision, de façon à favoriser la transparence et un partage du pouvoir entre les catégories d'acteurs, permettant une plus grande légitimité aux décisions stratégiques »*[203].

Le type premier de gouvernance à s'émanciper est donc la *gouvernance d'entreprise* qui évoque un mode de gestion, permettant une meilleure répartition du pouvoir entre les actionnaires et la direction. Il faut toutefois souligner que son importation et son adaptation dans la gestion publique ont pris deux directions ayant pour objectif commun, la correction et l'amélioration du rôle de l'État et la réinvention

---

[202] MERCIER (Clément), *Participation citoyenne et développement des communautés au Québec : enjeux, défis et conditions d'actualisation*, op. cit., p. 20.

[203] *Ibid.* L'auteur souligne que les scandales vécus dans de grandes entreprises, comme Enron, ont favorisé l'implantation de ces mesures, mais par-delà ce contexte, il faut y voir tout un mouvement de *« décentrement »* (ou décentralisation) de la prise de décision, avec une multiplication des lieux et des acteurs impliqués dans cette décision.

de la place et du rôle du politique. Clément MERCIER rappelle à propos que, pour le *New Public Management*[204], la conception plus fonctionnelle de gouvernance entraîne *de facto*, une réduction du rôle de l'État à sa fonction minimaliste de grand régulateur et d'accompagnateur, en décentralisant[205] et en orientant vers d'autres acteurs, les fonctions jugées non stratégiques[206]. On note dans ce sens, un transfert de services et programmes à des agences publiques et une large autonomie de décision opérationnelle à leurs administrateurs et aux établissements parapublics existants[207].

On peut le comprendre aisément, le second type de gouvernance c'est la *gouvernance politique*. Ce type ne s'inscrit pas nécessairement dans un modèle de réduction de l'État[208]. Cette gouvernance-là vise plutôt la transformation du rôle de l'État et du fondement de sa légitimité, dans le cadre d'un modèle participatif. On peut la définir, d'après Didier LE GALES, comme le processus de coordination d'acteurs, de groupes sociaux et d'institutions, en vue d'atteindre des objectifs définis et discutés collectivement[209]. Elle renvoie aussi à :

> *« l'ensemble d'institutions, de réseaux, de directives, de réglementations, de normes, d'usages politiques et sociaux, ainsi*

---

204 Ce courant se développe depuis les années 80.

205 Ou plutôt en déconcentrant, comme les faits le révèlent souvent.

206 *Op. cit.*

207 Ces administrateurs, selon ce courant, devraient être choisis sur une base de mérite individuel et de compétence, par des *« comités de sages experts »* qui ont pour critères de qualification non pas la représentativité citoyenne, mais *« l'expertise »* de la gestion. C'est donc la logique technocratique qui prévaut, sans toutefois qu'on ait trouvé d'équivalence satisfaisante entre la représentation de l'actionnaire et celle du citoyen ou de l'usager.

208 *Ibid.*

209 LE GALÈS (Didier), (2004), *Gouvernance*, *in* BOUSSAQUET et al, *Dictionnaire des politiques publiques*, Presses de science, Paris, p. 242-250, cité par MERCIER (Clément), *ibid.*

que d'acteurs publics et privés qui contribuent à la stabilité d'une société et d'un régime politique, à son orientation, à la capacité de diriger, et à celle de fournir des services et à assurer sa légitimité »[210].

Clément MERCIER le reconnait, cette vision appelle à plusieurs niveaux, dont la gouvernance locale, une approche de gouvernement orientée vers l'élaboration et la mise en œuvre de l'action publique sur la base d'un pouvoir partagé, que certains, tel Benoit LÉVESQUE, appellent « *la co-production des politiques publiques* »[211]. Cela suppose, *in concreto*, des processus de gestion capables de faire s'intégrer, ou du moins cohabiter les intérêts particuliers ou individuels, catégoriels, corporatistes ou collectifs[212]. Autrement dit, des processus déterminés par la capacité de définir et de poursuivre l'intérêt général. Cette vision connait le reproche d'être quelque peu idéaliste, car l'approche qu'elle suggère ne prend toutefois pas suffisamment en compte le fait que les rapports de forces entre les acteurs au sein de ces espaces participatifs locaux demeurent fondamentalement inégaux.

On l'aura sans doute relevé, la gouvernance englobe donc tous les processus et mécanismes permettant aux membres d'une communauté – les citoyens dans une République – et aux différents groupes d'exprimer leurs intérêts, d'arbitrer leurs différends, de jouir de leurs droits et d'exercer leurs devoirs conformément à la loi. La gouvernance dans ses dimensions politiques, économiques, administratives, sociales et culturelles se vit à chaque échelle de la structure sociale ou de l'organisation humaine, qu'il s'agisse d'un

210 *Ibid.*

211 LEVESQUE (Benoit), *Une gouvernance partagée et un partenariat institutionnalisé pour la prise en charge des services d'intérêt général*, CRISES. Collection études théoriques, 33 p., cité par MERCIER (Clément), *ibid.*

212 *Ibid.*

ménage, d'un village, d'une municipalité, d'un État, d'une région ou du monde entier[213].

L'ambition d'une réflexion sur la gouvernance n'est pas d'intelliger de la manière la plus exhaustive possible la notion, l'idée, le système, les processus et les mécanismes de gouvernance dans une société. Elle est beaucoup plus modeste. Il s'agit, après avoir partagé plus haut la compréhension que nous en avons, d'en souligner la proximité d'avec le concept de démocratie (A) et de s'arrêter un moment sur le débat entre standard et modèle en matière de gouvernance (B).

A. Quand la gouvernance féconde la démocratie

La gouvernance semble aujourd'hui féconder la démocratie. Du moins, la démocratie, entendue comme système, parait englober de nos jours la gouvernance. C'est d'ailleurs notre point de vue. Pour certains par contre[214], c'est plutôt la démocratie qui féconde la gouvernance parce qu'elle leur apparait, comme un sous-ensemble de cette dernière. La démocratie est donc perçue dans cette perspective comme un sous-système de la gouvernance.

Ce n'est heureusement pas le plus important. Ce qui l'est par contre, sans pour autant que cela puisse être confiné à une facilité de langage, c'est le fait qu'il est devenu fréquent de faire référence à la *gouvernance démocratique*. En d'autres termes, à la manière dont un système démocratique (État, partis politiques, société civile, diaspora, acteurs indépendants, les règles encadrant leurs rapports, etc.) se structure, s'organise, fonctionne dans le respect d'un code de

---

[213] Voire également la *Note de stratégie du PNUD sur la gouvernance en faveur du développement humain,* 2000.

[214] Ce qui prouve que le constat de l'interaction effective entre les deux (02) notions au moins est partagé.

vie et de conduite librement adopté par tous, dans l'optique ultime du bien-être collectif.

Rappelons que cette démocratie, participative il va sans dire, issue un peu partout des revendications des mouvements sociaux, se présente comme une solution pertinente face à la crise de légitimité et d'efficacité du modèle représentatif dominant, et ce, en complémentarité avec les institutions de la démocratie représentative[215]. Clément MERCIER précise à cet effet que cette forme de démocratie permet de développer des processus de gouvernance[216]. Une gouvernance « *dans laquelle l'État devient un acteur parmi d'autres au sein de processus de concertation, de délibération et de partenariat* »[217].

L'importance de la gouvernance démocratique ne se discute plus. Nous pouvons relever dans ce sens que le niveau de démocratie est retenu quasi unanimement aujourd'hui, par de nombreuses institutions internationales, comme un indicateur de la gouvernance : *ACE Comparative Data, Afrobarometer, Annual Survey of Freedom, Bertelsmann Transformation Index, Cingranelli - Richards (CIRI0) Human Rights Database, Country Policy and Institutional Assessment, East Asia Barometer, Election Quotas for Women Database, Policy Constraint Index, World Governance Assessment (WGA), World Values Survey*

---

[215] MERCIER (Clément), *op. cit.*

[216] *Ibid.*

[217] *Ibid.* Ces processus participatifs, souligne-t-il, requièrent par ailleurs de solides mesures afin d'éviter que ceux-ci ne soient que des simulacres de démocratie, contribuant à reproduire les inégalités dans la participation citoyenne et se limitant exclusivement à des enjeux micro locaux de portée limitée. Parmi ces conditions requises, on peut en recenser trois : 1 — des mesures visant à assurer la participation des groupes défavorisés, notamment par l'éducation populaire et politique continue ; 2— la présence de « contre-pouvoir » dans des mouvements populaires organisés et 3 — une logique redistributive globale et articulée autour de critères formels.

(WVS), etc. Chacune de ces institutions revient et selon ses méthodes de travail sur la qualité de la constitution comme norme première, la structure du système électoral, le cadre législatif et règlementaire, l'administration électorale, la délimitation et le découpage des circonscriptions administratives et/ou électorales, la formation politique des masses, l'éducation politique et civique de l'électorat, les modes d'inscription des électeurs, l'organisation des opérations de vote, le financement des partis politiques, le fonctionnement et la démocratie au sein des partis politiques, l'admission des différents types de candidatures, le dépouillement des votes, la place et le financement des médias.

B. De l'appropriation du *''standard universel''* à l'invention d'un *''modèle africain''* de gouvernance

Parmi les problèmes que pose la mondialisation, il y a celui de la confrontation entre le *standard* et *les modèles*. En effet, le temps mondial[218] est travaillé par un important mouvement d'uniformisation des choses : le monde, les structures, les politiques, les techniques, les biens et produits, les modes d'expression et de communication en sont quelques-unes. D'ailleurs, il n'y a qu'à observer l'importante dynamique d'institutionnalisation des différents aspects de la vie et les nombreux domaines d'interrelations entre les Nations. Il existe aujourd'hui une ''Internationale'' (ou une ''Mondiale'') dans quasiment tous les secteurs : organisation internationale du travail, du commerce, des télécommunications, des transports, de la santé, de l'aviation, de la météorologie, de la Francophonie, du football, pour ne citer que celles-ci. Ce sont ces internationales, intercontinentales, transcontinentales et mondiales qui

[218] Concept inventé et systématisé par Wolfran EBERHARD et repris avec beaucoup de réussite et de bonheur par ZAKI LAÏDI.

décident de l'uniformisation des règles dans un domaine donné.

En outre, il faut compter avec ces organisations, autant de journées internationales, si ce n'est d'ailleurs plus, célébrées chaque année : journée internationale de l'enfant, de la femme, de la famille, de la liberté d'expression, des droits de l'homme, du travail, de l'eau, de l'environnement, de lutte contre les discriminations, de lutte contre le racisme, de lutte contre la faim, par exemple.

Mais, pour revenir plus étroitement au débat qui nous mobilise, la question essentielle est celle de savoir s'il existe aujourd'hui un standard en matière de gouvernance ? À cette question, on serait enclin de dire, à titre d'esquisse de réponse, qu'effectivement il existe, ou à tout le moins, qu'il semble se dessiner un standard de gouvernance. Pour être plus précis, un standard de système de gouvernance. Nous en voulons pour preuve, d'abord, l'existence des indicateurs de gouvernance. Ensuite, l'avènement et l'appropriation pour tous les États du qualificatif *bon* accolé maintenant à la notion de gouvernance. Dans ce sens, on parle de *bonne gouvernance démocratique*. Enfin, et sans prétendre à l'exhaustivité, la diffusion des traits caractéristiques d'un système de bonne gouvernance et la juridisation progressive du concept à l'échelle mondiale en sont la preuve.

Certes, la pléthore de ces indicateurs, les divergences dans leur appréciation ou prises en compte par les acteurs concernés, les contestations qui en accompagnent bon nombre et qui justifient l'absence, à l'échelle mondiale, d'une liste d'indicateurs ''agrées'', sont autant d'arguments qui permettent d'atténuer cette réponse affirmative. En outre, la gouvernance n'étant pas qu'un système composé d'institutions, de politiques, de processus et de procédures, mais aussi le *modus operandi* de tout ceci, même l'avènement d'un ''standard'' tolèrerait l'existence de ‘‘modèles’’ d’appropriation, d’endogénéisation ou simplement d’expérimentation de celui-ci.

C’est ce qui semble soutenir l’intérêt de l’invention d’un modèle africain en général, et camerounais en particulier, de bonnes gouvernances politique, économique, sociale et culturelle, adaptées à notre identité, à notre projet de société et à notre trajectoire collective. Ce modèle tiendrait par exemple compte de la coexistence et de la collaboration harmonieuse entre l’autorité traditionnelle, religieuse et les institutions étatiques ; d’une plus grande place des langues nationales à côté des langues étrangères héritées de la colonisation ; d’une meilleure valorisation de nos cultures ; d’une plus grande amplitude de notre africanité. Une relation qui peut donner naissance, au-delà des politiques de décentralisation ancrées sur les spécificités et les singularités, à des modèles institutionnels savants et authentiques et à des politiques publiques ingénieuses.

CONCLUSION

« Nous ne devons pas avoir peur de ''plaider la cause de demain, contre celle d'aujourd'hui'', en inventant, partout où le besoin s'en fait sentir, un champ institutionnel nouveau »[219].

Il n'est pas légitime de conclure cette succincte analyse, tant il reste de choses importantes à dire. Mais voilà de façon liminaire, parce qu'on peut aller plus en profondeur dans l'analyse certainement, la brève et rapide revue des trois défis majeurs auxquels le Cameroun fait et fera davantage face dans les années à venir. D'abord, *le défi de l'érection d'une identité camerounaise*, parce qu'il est prouvé qu'on ne peut se développer avec l'ADN des autres. Ensuite, *le défi d'une éducation de développement*, car le système éducatif précolonial, qui était un système de transmission de valeurs étrangères, a cédé la place à un système colonial de dépersonnalisation et d'aliénation. Ce dernier a été remplacé sur peu d'aspects en réalité, par le système éducatif post colonial actuel, qui est quant à lui un système d'extraversion. Enfin, *le défi d'une démocratie véritable*, favorable à la participation de tous, source du contrôle citoyen de l'action publique et de la bonne gouvernance, vecteur de performance et de croissance économiques.

Le Cameroun, celui qui est peint avec douleur dans ces pages, est *à la croisée des chemins*. Ce Cameroun-là est le ''mauvais'' Cameroun. Un cimetière avéré d'espérances que les Camerounais de tous les âges fuient, certes la mort dans

---

[219] THIAM (Iba Der), *op. cit.*, p. 68.

l'âme. *Le pays natal est cher au cœur de l'exilé*, disait SHAKESPEARE.

Fort heureusement, comme le dieu JANUS, le Cameroun sait avoir deux visages. D'un côté, le ''mauvais visage'', ce visage exécrable ci-dessus évoqué que nous détestons presque tous, où la corruption est devenue civilisation ; où le népotisme, le favoritisme, le nombrilisme, le tribalisme et le clientélisme ont fait leur lit. Un pays où l'inertie, l'apathie, la léthargie, la fainéantise se sont enracinées et où la criminalisation de l'ambition des cadets sociaux est devenue la règle. De l'autre, le ''bon visage'', au revers du mauvais visage, « *de l'autre côté de son regard* »[220] pour paraphraser Ken BUGUL, un visage illuminé par l'intelligence. Un visage qui est souvent apparu comme un soleil des bons matins, transperçant subtilement la voûte azurée. Ce visage mâtiné de fraternité, de solidarité et d'unité, comme à la faveur du conflit de BAKASSI, où les Camerounais se sont élevés, soudés face à l'adversité ; ou à l'occasion des obsèques du footballeur Marc VIVIEN FOE, lorsque les populations de tout le pays jusqu'aux villages les plus lointains, jusqu'aux rivages les plus égarés, se sont présentées au monde uni dans une douleur légitime ; ou comme à chaque succès des ''Lions indomptables'' du Cameroun, où par enchantement, il n'y a plus ni EWONDO, ni DOUALA, ni MAKA'A, ni BAFIA, ni HAOUSSA, ni MAFA, ni BASSA, ni BAMILEKE, ni francophones et anglophones, ni chrétiens et musulmans, mais seulement des fils et filles du Cameroun, fiers de hisser leur drapeau comme étendard d'une odyssée prodigieuse.

Nous avons la faiblesse de penser que le Cameroun a besoin, aujourd'hui plus qu'hier, au-delà d'un discours de rupture, d'une vision de rupture, d'un projet global de

---

[220] BUGUL (Ken), *De l'autre côté du regard*, Le serpent à plumes, 15 janvier 2003.

rupture, des politiques de rupture, des actions de rupture, bref d'un *Cameroun de rupture*. Ce Cameroun de la rupture tant espérée et tant appelée par les Camerounais des dix régions, sans distinction de race, de sexe, d'origine historique, sociologique et ethnique ; sans distinction de religion, d'obédience philosophique et de sensibilité politique. Ce Cameroun de la rupture nécessite une véritable *refondation*. Une refondation des bases de l'État, celles-ci à la fois leviers et levain de sa construction institutionnelle, de son armature juridique, de son projet global de société, des politiques publiques proposées, des dynamiques managériales initiées et de la gouvernance implantée.

Cependant, deux approches au moins s'offrent à nous. Ces dernières sont fonction de nos singulières perceptions de l'état des lieux du Cameroun plus de cinquante années après l'avènement de son indépendance. *La première approche*, inspirée d'Émile ZOLA dans l'épopée dreyfusarde, consiste à admettre que « *(...) la faute ne commencerait que le jour où l'on s'entêterait à ne pas vouloir s'être trompé, même devant des preuves décisives* »[221]. Cette approche consiste, puisque nous sommes dans une dynamique de refondation, à considérer que nous repartons de zéro parce que ceux qui nous ont précédés ont ''fauté'', c'est-à-dire échoué.

La seconde approche, empruntée à Giorgio TOMASI postule que « *si nous voulons que tout continue, il va d'abord falloir que tout change* »[222]. Dans cette approche, la refondation signifie moins un recommencement à zéro qu'une rupture portée par un changement de cap, pour reprendre cette allégorie maritime très à la mode aujourd'hui. Il y a donc ici une reconstruction sans déconstruction totale, parce que les acquis les meilleurs sont sauvegardés,

---

[221] Cité par WINOCK (Michel), *Le siècle des intellectuels*, op. cit.
[222] Cité par KAMTO (Maurice), *L'urgence de la pensée*. Réflexion à une précondition du développement en Afrique, Mandara, 1993.

consolidés, mis en valeur comme des bourgeons devant nourrir la croissance d'une nouvelle vision, d'un nouveau projet. Ces nouveautés elles-mêmes devant être inscrites dans un nouvel environnement institutionnel, dans une nouvelle époque, dans une nouvelle ère d'idées et destinées à une génération nouvelle.

C'est dans cette seconde approche, celle de la sauvegarde des acquis pour un départ nouveau, que nous nous inscrivons. Une approche de responsabilité par rapport à la part qui est nôtre, individuelle et collective, dans la situation actuelle de notre pays. C'est dans cette approche respectueuse de notre histoire, de notre culture et de nos valeurs partagées, fondements structurants et communs de nos invincibles espérances que nous espérons cette refondation de notre pays. Sans véritables réformes, sans cette nécessaire refondation, demain sera assurément un autre aujourd'hui !

> *« Mais ces forces de raison, d'espoir et de réalisation d'un monde nouveau n'apparaitront, hélas, qu'après la catastrophe, par un sursaut vitaliste de la jeunesse du [Cameroun] »*[223].

Le Cameroun est à la croisée des chemins. D'un côté, *le chemin de la perdition* dans lequel nous sommes irrémédiablement engagés depuis trop longtemps et dans lequel, comme dans des sables mouvants, nous semblons totalement embourbés, comme dans une mer agitée, nous semblons perdre pied et couler à pic après avoir heurté violemment des écueils et des récifs. Un chemin apparemment paré de bonnes intentions. De l'autre, *le chemin du salut* qui appelle juste à une prise de conscience de la situation réelle actuelle de notre pays et des défis urgents qu'il se doit de relever. Il n'y a vraisemblablement aucune raison de mettre une signature en bas de l'acte de reddition,

---

[223] COCHET (Yves), DUPUY (Jean-Pierre), GEORGE (Susan), LATOUCHE (Serge), *Où va le monde ? 2012 - 2022 : une décennie au-devant des catastrophes*, op. cit., p. 19.

mais le changement ne viendra jamais de lui-même, il faut aller avec ferveur et détermination à sa rencontre. Heureusement, si nous le voulons sincèrement et si nous y croyons profondément, il est à portée de mains. Alors, debout citoyens !

POSTFACE

RÉFLEXIONS PROMÉTHÉENNES ET PROGRESSISTES SUR L'ÉMERGENCE DU CAMEROUN : LE SENS PHILOSOPHICO – HISTORIQUE ET IDÉOLOGICO – INTELLECTUEL D'UN ESSAI POLITIQUE

Richard MAKON écrit ici un essai intitulé : « *Le Cameroun à la croisée des chemins. Considérations liminaires sur les trois défis de l'émergence* ». Il s'agit pour ce publiciste, par ailleurs analyste politique, de préciser dans son projet, la vision idéologico – intellectuelle et politico – intellectuelle qu'il se fait de la dynamique évolutive du Cameroun comme communauté sociale et politique historiquement marquée. Richard MAKON se pose en penseur du devenir du Cameroun, scrutant l'avenir qui s'offre à cette société étatique dont il est d'ailleurs un ressortissant. Cet essai s'inscrit alors dans le sens d'une prise de parole citoyenne.

Richard MAKON engage dans le présent ouvrage une réflexion politico – intellectuelle et idéologico – intellectuelle sur les trois défis qu'il considère comme des préalables décisifs pour une réalisation concluante et pertinente de l'émergence du Cameroun, envisagée comme projet politico – historique et/ou philosophico – historique : le « défi identitaire », le « défi éducatif » et le « défi démocratique ». C'est d'ailleurs autour de l'examen de la prise en charge de ces trois défis que l'auteur organise les trois parties de sa réflexion politico – intellectuelle sur l'émergence du Cameroun.

L'essai publié par Richard MAKON est clairement relié à une inspiration intellectuelle à la fois critique et citoyenne. Il s'agit d'une défense idéologico – intellectuelle et politico – intellectuelle d'un projet de refondation et de renaissance, énoncé dans une optique panafricaniste. L'auteur fait montre de sa volonté manifeste de voir le Cameroun s'engager dans une « dynamique de développement ». La posture philosophico – historique qui en modèle le propos est sensible au concept de l'émergence comme expression typique du *zeitgeist de la globalisation – mondialisation* qui véhicule à sa manière, une certaine esthétique du changement.

La posture intellectuelle de Richard MAKON est d'allure prométhéenne, indiquant clairement l'option progressiste prise par cet essayiste, s'inscrivant dans la nouvelle génération du Cameroun politico – intellectuel bien déterminé à avoir son mot à dire sur le devenir historique de ce pays. Il apparait sans conteste que cet essai exprime de manière particulière, le souffle philosophico – historique et idéologico – politique collectif d'une nouvelle vague d'intellectualité politique orientée par le progressisme patriotique, critique et citoyen. Pour émerger, le Cameroun aura bien besoin de relever le défi de la pensée critique citoyenne.

De toutes les façons, il apparait que l'essai de Richard MAKON veut marquer les esprits et apporter une contribution notable à la nécessaire discussion républicaine, sur le sens des choix de civilisation, d'organisation et d'orientation qu'appelle un engagement du Cameroun sur la voie de l'émergence. Pour l'auteur, la capacité du Cameroun à relever ces trois défis, conditionne son développement comme évolution historique porteuse de progrès. Ainsi, l'auteur fait-il de la prise en charge du « défi identitaire » (Première Partie), le « *socle de tout projet sociétal* ». Il souligne à ce propos, la nécessité de « *décoloniser l'histoire* » et de *« construire une mémoire »* (Chapitre 1). Il met en exergue l'affirmation d'une identité comme socle du développement (Chapitre 2).

L'auteur, s'attaquant au « défi éducatif » (Deuxième Partie), propose « *l'affranchissement* » du système éducatif pour favoriser l'avènement d' « *une école de la République* » (Chapitre 3) et engager « *l'africanisation* » de celle-ci (Chapitre 4).

L'auteur se charge également d'examiner les modalités de prise en charge du « défi démocratique » (Troisième Partie). Dans cette optique, il fait du « *processus démocratique* », une dynamique clé devant résulter d'une transition distinctive et d'une transformation évolutive, venant d'une dynamique initiale liée à un « *processus participatoire* » (Chapitre V). Dans cette optique, les « *enjeux de la démocratie* » commandent d'aboutir à l' « *invention d'un modèle africain de gouvernance* » (Chapitre VI).

Ainsi donc, Richard MAKON appelle-t-il le Cameroun, arrivé « *à la croisée des chemins* », à choisir entre le « *chemin de la perdition* » et le « *chemin du salut* », en faisant preuve de responsabilité et de sagacité, pour aller vers la voie d'une « *nécessaire refondation* ».

L'essai publié par Richard MAKON, est une défense intellectuelle et idéologique d'un projet de refondation et de renaissance, énoncé à travers le langage nouveau de l'émergence qui correspond au *zeitgeist globalo – libéral* et qui exprime l'intention manifeste de l'auteur, de voir le Cameroun s'engager dans une « *dynamique de développement* ». La posture philosophico – historique qui en modèle le propos est d'allure prométhéenne, indiquant clairement l'option progressiste prise par cet essayiste, s'inscrivant dans la nouvelle génération du Cameroun politico – intellectuel bien déterminé à dire son mot sur le devenir du Cameroun.

Il apparaît sans conteste que l'essai de Richard MAKON exprime le souffle philosophico – historique et idéologique – politique, d'une nouvelle vague du progressisme citoyen et critique. Pour émerger, le Cameroun aura besoin d'une telle fraicheur idéologico – intellectuelle et politico – intellectuelle. L'auteur relève bien dans cet essai vivifiant le défi de la pensée critique citoyenne qui constitue un aspect essentiel, du cheminement vers l'émergence du Cameroun. Richard MAKON met en œuvre dans son essai, une réflexion qui contribuera incontestablement à la nécessaire discussion sur les choix d'orientation, de civilisation et d'organisation qu'appelle un engagement du Cameroun sur la voie de l'émergence !

Par ***Mathias Eric NGUINI OWONA***

BIBLIOGRAPHIE SÉLECTIVE

ABOUNA (Paul), *le pouvoir de l'Ethnie. Introduction à l'ethnocratie*, L'Harmattan Cameroun, 2011.

ABWA (Daniel), Contexte, Histoire et Économie politique in Élections et gestion de la diversité en Afrique, *Rapport sur la Gouvernance en Afrique*. Note Pays Cameroun 2011.

Afrique 2025. *Quels futurs possibles pour l'Afrique au sud du Sahara ?*, Futurs africains, Karthala, 2003.

AMO (Antoine Guillaume), *Tractatus de arte sobrie et accurate philosophandi* (Traité de l'art de philosopher avec sobriété et précision), I, III.

ARON (Raymond), *Essai sur les libertés*, Paris, Calmann – Lévy, 1965.

ATALI (Jacques), *Demain qui gouvernera le monde*, Fayard, 2011.

BALANDIER (Georges), *Sens et puissance*, Presses Universitaires de France, 3e édition, septembre 1986.

BEKOLO EBE (Bruno), MAMA TOUNA, FOUDA (Séraphin - Magloire), (dir.), *Dynamiques de développement. Débats théoriques et enjeux politiques à l'aube du 21e siècle*. Mélanges en l'honneur de Georges WALTER NGANGO, Paris, Montchrestien, 2003.

BOMBELA MOSSOUA (Ghislain), *Le standard africain de société démocratique*, Thèse de Doctorat, Université de Yaoundé II, année académique 2015.

BOURDIEU (Pierre), PASSERON (Jean-Claude), *La reproduction.* Eléments pour une théorie du système d'enseignement, Paris, Editions de Minuit, 1970.

BOURDIEU (Pierre), *La Noblesse d'État.* Grandes écoles et esprit de corps, Paris, Éditions de Minuit, 1989.

BUGUL (Ken), *De l'autre coté du regard*, Le serpent à plumes, 15 janvier 2003.

CALAME (Claude), « Prométhée généticien ? Pour dépasser l'opposition ''nature/culture'', une perspective anthropopoiétique », Paris, Ecole des Hautes Etudes en Sciences Sociales (EHESS), mars 2014.

CESAIRE (Aimé), *La tragédie du roi Christophe*, Paris, Présence Africaine, 1963.

CHAMBRY (Émile), Platon, Protagoras, ou les Sophistes - genre démonstratif, La Bibliothèque électronique du Québec, Collection *Philosophie*, Volume 10 : version 1.0.

COCHET (Yves), DUPUY (Jean-Pierre), GEORGE (Susan), LATOUCHE (Serge), *Où va le monde ? 2012 - 2022 : une décennie au-devant des catastrophes*, éd. Mille et une nuits, février 2012.

ELIAS (Norbert), *La société des individus*, Paris, Fayart, 1991,

FRANCE (Anatole), *Livre de mon ami*, Livre de Pierre, Dédicace.

FUSTEL DE COULANGES, *Questions contemporaines*, Troisième édition, Edition Hachette et Cie, 1919.

JORGE (Manuel), « Angola : crise politique et crise sociale (À la recherche de la paix nécessaire) », *Pouvoir et paix civile en Afrique*, Cahiers Présence Africaine, Présence Africaine Editions, Paris – Dakar, 1996.

JOUBERT (Joseph), *Pensées – Essais et maximes*, FB Editions, 2015.

KAMTO (Maurice), *L'urgence de la pensée*. Réflexion à une précondition du développement en Afrique, Mandara, 1993.

LÉVY-BRUHL (Lucien), *La Mentalité primitive*, Quatrième édition, Paris, Librairie Félix Alcan, 1925.

MARTIN DU GARD (Roger), *Les Thibault*, Paris, Collectif NRF, Gallimard, 1923.

MAUROIS (André), *Etudes littéraires*, édition SFELT, (Collection "Les Grands Evènements Littéraires"), tome II, 1947.

MAUROIS (André), *Un art de vivre*, Paris, « Présence », Plon, 1939.

MERCIER (Clément), *Participation citoyenne et développement des communautés au Québec : enjeux, défis et conditions d'actualisation,* Université du Québec en Outaouais, Revue Développement social et de l'ARUC-ISDC, numéro 8, janvier 2009.

MILL (John Stuart), *Considérations sur le gouvernement représentatif*, Paris, Gallimard, 2009.

MVESSO (André), *L'école malgré tout. Les conditions d'une contribution de l'école à l'essor africain*, Presses Universitaires de Yaoundé, 1998.

NDIAYE (Tidiane), *Le génocide voilé*, Paris, Gallimard, 2008.

NYAMBAL (Eugène), *Afrique : les voies de la prospérité. Dix clés pour sortir de la pauvreté*, L'Harmattan, 2e édition, 2008.

PONDI (Jean-Emmanuel), (dir.), *Immigration et diaspora. Un regard africain*, Maisonneuve & Larose / Afrédit, mais 2007.

Pouvoir et paix civile en Afrique, Cahiers Présence Africaine, Présence Africaine Editions, Paris – Dakar, 1996.

REVEREND PERE MVENG (Engelberg), « Y a-t-il une identité culturelle camerounaise ? », *L'identité culturelle camerounaise,* Actes du Colloque organisé par le Ministère de l'Information et de la Culture, 2e édition de la Semaine culturelle nationale, 13 - 20 mai 1985, éditions ABC, 3e trimestre 1985.

THIAM (Iba Der), « Démocratie, multipartisme (majorité / opposition) et paix politique », *Pouvoir et paix civile en Afrique*, Cahiers Présence Africaine, Présence Africaine Editions, Paris – Dakar, 1996.

THIOLAY (Boris), « L'amer destin du clown chocolat. L'historien Noiriel rappelle les préjugés qui firent la célébrité de ce comique souffre-douleur », *L'Express*, 14/05/2009.

TJADE EONE (Michel), *L'Afrique dans le temps global de la communication. Du local au planétaire*, éd. Clé, Yaoundé, 2012.

TOWA (Marcien), « Le concept d'identité culturelle », *L'identité culturelle camerounaise*, Actes du Colloque organisé par le Ministère de l'Information et de la Culture, 2e édition de la Semaine culturelle nationale, 13 - 20 mai 1985, éditions ABC, 3e trimestre 1985.

TROPER (Michel), *La philosophie du droit*, Que sais-je, PUF, 2003.

VELTZ (Pierre), « L'université au cœur de l'économie mondialisée de la connaissance », 2008.

VEYNE (Paul), « Critique d'une systématisation : les *Lois* de Platon et la réalité », Annales Économies, Sociétés, Civilisations, Année 1982, Volume 37, Numéro 5, pp. 883-908.

WADE (Abdoulaye), *Un destin pour l'Afrique*, Michel Lafon, 2005.

WINOCK (Michel), *Le siècle des intellectuels*, Editions du Seuil, 1997, 1999.

Table des matières

Le Cameroun

aux éditions L'Harmattan

Dernières parutions

PROFILS ET PRATIQUES D'ENTREPRENEURS CAMEROUNAIS
Expériences et témoignages
Kamdem Emmanuel - Avec la collaboration de Raphaël Nkakleu
Cet ouvrage présente des monographies d'entreprises effectuées au Cameroun, dans le but de mieux connaître l'organisation et le fonctionnement des PME. Il est le résultat d'une étude de terrain menée auprès des différents acteurs impliqués dans la création et la gestion des entreprises. Les différentes expériences entrepreneuriales camerounaises présentées dans cet ouvrage invitent à relativiser ces images et à penser qu'un tel diagnostic peut et doit être revisité. L'ouvrage propose également un cadre de modélisation de l'évolution de la PME camerounaise.
(Coll. Diversité culturelle et dynamique des organisations, 25.50 euros, 246 p.)
ISBN : 978-2-343-03731-8, ISBN EBOOK : 978-2-336-37950-0

L'AUTONOMIE FINANCIÈRE DANS LA MISSION D'ÉVANGÉLISATION DE L'ÉGLISE EN AFRIQUE
Le cas du Cameroun
Ngono Honorine - Préface de Mgr Joseph Atanga
Les Églises d'Afrique connaissent des difficultés dans la réalisation de la mission d'évangélisation, dont la principale est la prise en charge financière des besoins pastoraux. Face à cette situation, l'auteur propose ici quelques orientations pastorales telles que penser et construire l'autonomie financière de l'Église, revitaliser les structures de gestion des diocèses, renforcer la communion des fidèles et planifier la gestion des ressources.
(Coll. Églises d'Afrique, 39.00 euros, 408 p.)
ISBN : 978-2-343-06180-1, ISBN EBOOK : 978-2-336-37687-5

LA PRATIQUE DU CONTRÔLE FISCAL DES PRIX DE TRANSFERT DANS L'ESPACE CEMAC
Le cas du Cameroun
Ayangma Ayangma Joseph - Préface de Pierre Alaka Alaka
L'appartenance à un groupe de sociétés confère des privilèges dont les prix de transfert sont l'illustration majeure. L'administration fiscale camerounaise doit donc être précautionneuse face aux flux intergroupes car il y a souvent manipulation frauduleuse des prix de transfert. Le Cameroun a initié, à l'instar des autres États de la

CEMAC, des dispositifs juridiques de contrôle. Ce dispositif en chantier et inabouti est de nature ambivalente au regard de son caractère national et transnational.
(Harmattan Cameroun, 37.00 euros, 364 p.,)
ISBN : 978-2-343-04069-1, ISBN EBOOK : 978-2-336-37410-9

LE NATIONALISME CAMEROUNAIS DANS LES PROGRAMMES ET MANUELS D'HISTOIRE
Segnou Etienne
Préface d'Albert Mandjack - Postface de Ferdinand Chindji-Kouleu
Plus de 50 ans après les faits, un ouvrage tente d'étudier scientifiquement ce qu'on enseigne aux élèves et étudiants camerounais sur l'histoire de la lutte indépendantiste, au Cameroun, ainsi que sur celle de toutes les luttes anticolonialistes dans ce pays. Dans les programmes et manuels d'histoire, le nationalisme camerounais est occulté, présenté de façon vague. L'histoire du nationalisme camerounais renferme des faits qui, s'ils étaient connus de la jeunesse camerounaise, pourraient ébranler les fondements de l'État camerounais.
(Harmattan Cameroun, 38.50 euros, 392 p.,)
ISBN : 978-2-343-04706-5, ISBN EBOOK : 978-2-336-37361-4

DOUALA ET LA RÉPARTITION SPATIALE DES ENTREPRISES
Polarisation et fragmentation
Essombe Edimo Nya Bonabebe Jean-Roger - Préface de Bernard Pecqueur
Cet ouvrage se veut une introduction à la compréhension de l'économie de la ville de Douala, à travers les mutations spatiales à l'œuvre sur ce territoire et sous l'effet des dynamiques de localisation des entreprises en son sein. L'analyse est proposée en intégrant les questions vives de l'économie territoriale (attractivité territoriale, mondialisation, compétitivité...) et en interrogeant le rôle des acteurs situés (privés et publics) pour le développement futur de la ville.
(Harmattan Cameroun, 29.00 euros, 280 p.)
ISBN : 978-2-343-05701-9, ISBN EBOOK : 978-2-336-37402-4

JOSEPH CUNIBERT NKONDONGO OBAMA
Héraut de l'éducation (1913-1980)
Yumbi Protais – Préface de Jean Paul Messina – Postface de Bienvenu Obama
Cette biographie retrace le parcours atypique d'un homme, héraut de l'éducation et du christianisme social au Cameroun, dont l'existence et l'œuvre sont reléguées aux oubliettes. Pourtant, il a marqué de son empreinte indélébile la vie de plusieurs générations et l'activité socioéducative au Cameroun, dépendant et indépendant. Cet ouvrage constitue un devoir de mémoire et un hommage mérité, car un proverbe dit que «celui qui a planté un arbre avant de mourir, n'a pas vécu inutilement».
(Harmattan Cameroun, 16.50 euros, 160 p., , Illustré en noir et blanc)
ISBN : 978-2-343-05885-6, ISBN EBOOK : 978-2-336-37421-5

MIGRATION CHINOISE ET DÉVELOPPEMENT AU CAMEROUN
De Prince Pokam Hilaire
Cette étude vise à explorer le rôle de la migration chinoise dans le processus de développement depuis l'établissement des relations diplomatiques entre

le Cameroun et la République populaire de Chine. Les migrants chinois au Cameroun créent avec le pays d'origine et le pays d'accueil une structure sociale triangulaire dynamisée par leurs multiples activités et contribuent à la réussite de la stratégie «gagnant-gagnant-gagnant». Ils sont à la fois acteurs, effets et enjeux de la mondialisation.
(Coll. Études africaines, série Économie, 12.50 euros, 106 p.)
ISBN : 978-2-343-05606-7, ISBN EBOOK : 978-2-336-37206-8

COMMUNICATION ET ENTRAIDE ENTRE MORTS ET VIVANTS EN AFRIQUE
L'exemple des Maka du Cameroun
Tchouand Mpa John Tomy
Préface d'Eugène Booh Bateng
Cet ouvrage essaie de montrer en quoi la communication cachée, « crypto-communication », peut constituer un vecteur d'entraide entre morts et vivants chez les Maka du Cameroun. À cet effet, une analyse, fondée sur le structuro-fonctionnalisme, l'ethnométhodologie et l'approche dynamiste, a permis de mettre en relief la philosophie existentielle, l'économie communicative et l'entraide entre les morts et les vivants au sein de l'ethnie Maka.
(Coll. Harmattan Cameroun, 15.50 euros, 152 p.)
ISBN : 978-2-343-05500-8, ISBN EBOOK : 978-2-336-37139-9

LE VAMPIRISME DES ENTREPRISES CAMEROUNAISES
Un frein à l'émergence
Verla Fonkika Dinven
Le vampirisme des entreprises camerounaises ne se limite pas aux seules activités économiques ou à leur rapport avec l'État. En réalité, elles vont jusqu'à aspirer la richesse des populations qui sont expropriées de leurs terres et de leurs ressources. Quand bien même ces populations sont embauchées dans les entreprises, elles perçoivent des salaires dérisoires. Ce livre décrit tout en la décriant la situation dans laquelle des entreprises sans scrupules mettent en péril le projet d'émergence du Cameroun.
(Coll. Harmattan Cameroun, 13.00 euros, 112 p.)
ISBN : 978-2-343-05496-4, ISBN EBOOK : 978-2-336-37189-4

UN BÂTISSEUR DE RÊVES
Récit de vie
Walch-Virgili Dominique
C'est au cours d'une mission au Cameroun que Dominique Walch-Virgili a rencontré Pierre-Blaise Ango. Cet homme hors du commun est un *leader* inédit du développement agricole africain. Destiné par son grand-père à devenir chef de village traditionnel du centre-est du Cameroun, son parcours atypique l'a conduit à occuper des postes à responsabilité. Sa force : n'avoir jamais renié ses origines et ses valeurs. Cet ouvrage retrace son parcours et sa philosophie.
(22.00 euros, 224 p., Broché, Illustré en noir et blanc)
ISBN : 978-2-343-05713-2, ISBN EBOOK : 978-2-336-37283-9

L'ÉDUCATION AU CAMEROUN, ENTRE CRISES ET AJUSTEMENTS ÉCONOMIQUES
Fozing Innocent
Cet ouvrage procède à la mesure des paramètres du développement éducatif, de rendement scolaire et des possibilités d'insertion des jeunes issus du système éducatif dans les secteurs productifs de l'économie nationale en période d'ajustement économique. Puis il en tire des enseignements de politique éducative dans une perspective d'engagement du système éducatif dans une dynamique de contribution réelle au processus de développement économique et social du Cameroun.
(Coll. Éducations et sociétés, 23.00 euros, 220 p.)
ISBN : 978-2-343-05076-8, ISBN EBOOK : 978-2-336-37183-2

SPECTACLES VIVANTS AU CAMEROUN
De la production à l'organisation d'une tournée
Bizo Aimey, Clerget Marie-Anne
Ce guide richement illustré met à disposition des conseils, des techniques et des méthodes utiles à la production et à l'organisation d'un spectacle au Cameroun et à l'entrepreneuriat de sa tournée sur un plan local et international : démarches administratives pour l'obtention des autorisations et des visas, méthodes techniques et de financement de la production, de la diffusion et de l'administration d'un spectacle ou d'une tournée, exemples de fiches, de contrats et de budgets...
(35.00 euros, 376 p.)
ISBN : 978-2-343-04443-9, ISBN EBOOK : 978-2-336-37223-5

DIDATTICA DELL'ITALIANO
Livello 1
Bikitik Mathias Hyppolite
Questo libro è destinato agli alunni di classe di 4ème. È il primo di una serie di cinque, per ogni classe della 4ème alla Terminale. (Ouvrage entièrement en Italien.)
(Coll. Harmattan Cameroun, 20.00 euros, 116 p.)
ISBN : 978-2-343-05366-0, ISBN EBOOK : 978-2-336-37123-8

THÉORIE ET PRATIQUE DU COURS ENTRE PÉDAGOGIE ET DIDACTIQUE
Traité de didactique générale à l'usage du normalien
Mbia Claude Marie
La volonté politique d'amélioration du taux d'alphabétisation au Cameroun a entraîné une véritable inflation de la diffusion pédagogique des savoirs, au point que beaucoup perçoivent et conçoivent la fonction pédagogique non pas comme un métier qui s'apprend mais davantage comme une activité relevant du bricolage ou de l'improvisation. Ce traité voudrait contribuer à faire des amateurs de l'enseignement d'aujourd'hui de véritables professionnels de la communication des savoirs de demain.
(Coll. Enseignement et éducation en Afrique, 15.50 euros, 152 p.)
ISBN : 978-2-343-05813-9, ISBN EBOOK : 978-2-336-37204-4

L'HARMATTAN ITALIA
Via Degli Artisti 15; 10124 Torino
harmattan.italia@gmail.com

L'HARMATTAN HONGRIE
Könyvesbolt ; Kossuth L. u. 14-16
1053 Budapest

L'HARMATTAN KINSHASA
185, avenue Nyangwe
Commune de Lingwala
Kinshasa, R.D. Congo
(00243) 998697603 ou (00243) 999229662

L'HARMATTAN CONGO
67, av. E. P. Lumumba
Bât. – Congo Pharmacie (Bib. Nat.)
BP2874 Brazzaville
harmattan.congo@yahoo.fr

L'HARMATTAN GUINÉE
Almamya Rue KA 028, en face
du restaurant Le Cèdre
OKB agency BP 3470 Conakry
(00224) 657 20 85 08 / 664 28 91 96
harmattanguinee@yahoo.fr

L'HARMATTAN MALI
Rue 73, Porte 536, Niamakoro,
Cité Unicef, Bamako
Tél. 00 (223) 20205724 / +(223) 76378082
poudiougopaul@yahoo.fr
pp.harmattan@gmail.com

L'HARMATTAN CAMEROUN
TSINGA/FECAFOOT
BP 11486 Yaoundé
699198028/675441949
harmattancam@yahoo.com

L'HARMATTAN CÔTE D'IVOIRE
Résidence Karl / cité des arts
Abidjan-Cocody 03 BP 1588 Abidjan 03
(00225) 05 77 87 31
etien_nda@yahoo.fr

L'HARMATTAN BURKINA
Penou Achille Some
Ouagadougou
(+226) 70 26 88 27

L'HARMATTAN SÉNÉGAL
10 VDN en face Mermoz, après le pont de Fann
BP 45034 Dakar Fann
33 825 98 58 / 33 860 9858
senharmattan@gmail.com / senlibraire@gmail.com
www.harmattansenegal.com

Achevé d'imprimer par Corlet Numérique - 14110 Condé-sur-Noireau
N° d'Imprimeur : 135564 - Dépôt légal : janvier 2017 - *Imprimé en France*

www.ingramcontent.com/pod-product-compliance
Lightning Source LLC
LaVergne TN
LVHW010931061026
849535LV00007B/2345